犹太智慧典藏书系

坐长凳者

犹太鬼才是如何炼成的

贺雄飞 著

世界知识出版社

“犹太智慧典藏书系”总序

人类一思索，上帝就发笑；人类不思索，上帝更发笑。

——作者手记

按照普遍的经验，人们对畅销书普遍推崇。某本书的销量一旦超过 100 万册，似乎就肯定了这本书的权威性和价值。然而，纵观人类的思想史和文学史，真理和经典常常不是按统计数字评定的。相反，众目睽睽之下，真理常常被贬抑和扭曲。从而使大众成为非常盲目的消费者，并降低了人类的创造力和追求完美的动力。犹太文学大师卡夫卡说：“假使一本书不能当头棒喝地敲醒我们，那读它有什么用？一本书该像一把碎冰斧，将人类冰封的心灵捣碎。”而犹太哲学家亚伯拉罕－海舍尔也说：“世界上还有什么东西可以跨越时空和距离，将人类联结在一起呢？只有文字是永远不会消失的。”《圣经》曾多次被人用火烧掉，但世界上的基督徒却越来越多。

现代文明已将人类的物质水平提高到前所未有的高度，但人类的幸福度增加了吗？我看未必，而且人类整体的道德水平和思想水平每况愈下。群体愈大，发展的速度愈快，生命的质量愈小。当罗马人造不出漂亮的建筑时，就把它建得很大。这种陋习延袭至今，每个人的时间表上都排满了活动，简直是与马赛跑，但生活的质量和意义却没有提升。

有一名记者采访一位著名诗人："你是什么时候决定做一名诗人的呢？"诗人指出这个问题问得不对，他说："每个人天生就是诗人，我只不过重复别人做过的事罢了。真正应该问的问题是，为什么其他人会停止了呢？"因此说，多数人年龄越长，思想越僵化。当他们年轻时，对未来人生充满美好的憧憬；然而，到了中年以后，竟然对理想主义者嗤之以鼻，而对一些污秽、龌龊之事却习以为常。为什么会出现这种情况呢？以色列先知耶利米在《圣经－耶利米书》中说："你若与步行的人同跑，尚且觉累，怎能与马赛跑呢？"在当今这个野蛮的物质主义时代，人们忙于应酬和娱乐，灵魂跟不上欲望的脚步，很少有人每天散步省察生命的意义，自然会变得大腹便便，却六神无主、麻木不仁。

2014 年 1 月 24 日，我在哈尔滨主持"犹太智慧商界领袖沙龙”，期间企业家们提问：“人活着的意义究竟是什么？”一位女企业家的回答是：“快乐。”我当时问她：“难道还有比快乐更快乐的事吗？”曾经，我在读一本书时发现，犹太小提琴大师梅纽因回答了这个问题：“生命的意义在于快乐，我的快乐就是分析作品，想象自己喜欢怎样去聆听；生命的意义在于将我们最迫切的需要升华成艺术，无论是生活艺术还是美食艺术。”梅纽因还说，人类还需要在快乐中不断学习，否则生命的终极意义便会离我们远去。任何人都无法预测死后会发生什么事情，永恒的生命不允许有未来。

我20年前开始研究犹太人，也开始了我的流浪生涯。大学毕业后，我分配回内蒙古自治区政府办公厅，然后下海流浪到海南儋州，历尽坎坷后又流浪到北京，在北京也先后搬了十几次家，不到一年搬一次。从2014年开始先是返回家乡鄂尔多斯，然后又流浪到包头和乌兰察布，今年则流浪在北京、乌兰察布和呼和浩特之间。我的女儿也和我一样，先是在内蒙，后来到了北京，然后又从中国到了爱尔兰，爱尔兰到了美国，美国到了法国，马上又要从法国到以色列求学。儿子也一直在颠沛流离的状态中成长，不间断地适应着各种不确定的状态和陌生的世界。

犹太哲学家维特根斯坦说：“一个哲学家的最终归

宿是火车站。”这难道就是我和孩子研究犹太智慧的宿命吗？犹太人为什么要流浪？就是要寻找一个热爱诗歌，热爱法律，渴慕智慧和真理的地方，寻找一个和谐、幸福，没有雾霾，能实现伟大梦想的地方。

流浪不仅使犹太人越来越有智慧，也使犹太人向全世界布道，同时使犹太人吸取世界文明的精髓。这就是一个流浪者的心灵独白和思想札记，藉以记录我 20 多年的研犹历程和前半生的思想收获。

感谢世界知识出版社的罗养毅副总编辑、汪琴副社长和所有责编，也感谢我弟弟贺鹏飞及字里行间书吧迅速让本书系付梓，同时为她插上翅膀飞向每一个热爱犹太智慧的读者的书架。有朋友和有智慧的人永远不会破产，与犹太人为伍就是与智慧同行。

1+1=11 或 111。是为序，与广大读者朋友共勉。

贺雄飞

2015 年 8 月 28 日于北京

目录

自然和自然规律隐藏在黑夜中，上帝说：“让牛顿降生吧。”于是，一切大放光明。

——亚历山大·波普

看问题止于外表的人，以为健康是生命的附属物，会因为患病而对他们的体质争论不休；但是，我在调查研究了人体的各个部分后，知道织物是悬挂在脆弱的细丝上，却真的对我们不太生病而感到奇怪。只要想到有1000扇门通往死亡，我们确实得因为我们只能死一次而感谢上帝。

——托马斯·布朗，《一个医生的宗教信仰》

一、别闹了，费曼先生

1945 年 7 月 16 日清晨 5 点 29 分 45 秒，当第一颗原子弹在美国新墨西哥州微明的天空中爆炸时，理查德·费曼可能是唯一用裸眼观看的人。聚集在这里的著名科学家和政要每人都配发给一副电焊工用的眼镜，费曼也不例外。但他永远都是个叛逆者，他没有戴眼镜，而是躲在一辆大卡车的挡风玻璃后面，他心想这么厚的玻璃一定能够挡住紫外线辐射。费曼深知那天将要发生什么事情，就是他领导一个小组，进行了第一个核裂变炸弹所需要的极其复杂的运算，从此，他被人们称为“科学顽童”。

关于这位“科学顽童”的逸事掌故多如牛毛，近两年有关他的书中都有介绍[①]。费曼是美国著名的理论物理学家。1965 年与朝永振一郎和施温格分享了诺贝尔物

① ［美］费曼：《别闹了，费曼先生》，吴程远译，生活·读书·新知三联书店 1997 年版；［美］费曼、［美］莱顿：《别逗了，费曼先生》，王祖哲译，湖南科学技术出版社 2005 年版。

理学奖。主要贡献有：建立量子电动力学新理论体系，参加“曼哈顿计划”，提出弱相互作用的矢量——膺矢量型理论，独立提出用跃迁振幅的空间——时间描述来处理概率问题的第三种量子力学表达法，调查美国“挑战者”号航天飞机失事的原因。从小到大，费曼特立独行，继承了犹太人聪明、怪异、幽默的秉性，赢得了科学界“1000 年才出一个的科学鬼才”的交口赞誉。他有着风流倜傥的名声，喜欢在无上装酒吧里研究科学问题，是历史上唯一一个被按摩院请去画裸体画的科学家，他是一位开保险柜专家和邦戈鼓手，他曾和爱因斯坦与尼尔斯·玻尔等大师讨论物理问题，也曾在赌城和职业赌徒研究输赢概率，他是集荒诞与天才于一身的科学鬼才，连普林斯顿大学研究院的院长夫人，在和他初次见面时也禁不住大叫：“别闹了，费曼先生！”

理查德·费曼，于 1918 年 5 月 11 日生于美国曼哈顿，父母亲都是犹太移民，父亲是一个服装制造商。在他母亲怀孕时，费曼的父亲就预言，如果生出来的是男孩，他长大后一定是名科学家。他母亲则回应说，蛋都没有孵出来，就在数几只鸡，未免言之过早。但父亲却很努力地让这一预言逐步实现。费曼还在坐婴儿椅的时候，父亲就会带一些小瓷砖回家，在小费曼面前摆成一排，呈现出蓝白相间和白蓝相间的序列，引导他认出视觉上的韵律，也就是数学的雏形。费曼学会走路很早，但两岁多才会说话，让母亲担心了许久，而一开口就说个没完。父亲不仅很小就给他买了《大不列颠百科全书》，而且还经常带他参观美国自然史博物馆，那里陈列着各种各样栩栩如生的动植物标本，还有高大的恐龙骨架模型。费曼的父亲带给家人的贡献是尊重知识和做事认真的态度，而幽默感和喜欢讲故事则来自母亲的影响。每天晚餐时，费曼全家在一起读书和讲故事，开心极了。费曼 5 岁的那年冬天，1 岁多的小弟弟因病夭折，这给家庭笼罩上悲哀的阴影。费曼很小就感觉到，人的生命的脆弱和自然灾害的残酷。费曼从小就是“数学天才”，经常帮助高年级的同学解决各种各样棘手的难题，他对女孩也感兴趣，但很腼腆。

伊丽莎白一世时代的戏剧家本 · 琼森写道 :“我确实仰慕这个人，我对他的仰慕，就像人们的那种偶像崇拜。”他对发表漂亮的论文毫无兴趣，他在为理解大自然的作品而奋斗，试图彻底重建物理学。除了他对科学非凡的热情以外，他对幽默和恶作剧有着超常的嗜好，他被许多人描述成“半是天才半是小丑”。正如他的一位学生费里曼 · 丁 · 戴森所言 :“他写作时，夜以继日，把自己绷得紧紧的，一点也不放松，他根本想不到放松，直至虚脱。一旦他脱开身后，他又投入各种运动和放松活动；几乎是一种欲望，把他拉向他的书，但是一旦完成，他对悠闲的欲求就会变得更强烈、更热切。”

参加“曼哈顿计划”时，费曼还不到30岁，但他在洛斯阿拉莫斯的恶作剧中，却给当时那帮精英留下了深刻的印象。

刚到洛斯阿拉莫斯时，由于宿舍没完全盖好，规定最先到的一批理论物理学家暂时两人住一间，但费曼根本不愿两人住一间。刚去的第一天晚上他正好一人住一间，他决心将这一间据为己有，不让别人进来。正好他箱子里有妻子的衣物，于是他拿出一件女士睡衣放到另一张床上，还随意将几件衣服扔在上面；他又拿出妻子的拖鞋，在厕所地板上撒一些香粉。总之，费曼要人知道这儿住着两个人。如此过了4天，所有的人都安置好了，再不会有第二个人被安排进来。这着实让费曼暗地高兴了好几天。

另一件事是开保险箱。在洛斯阿拉莫斯由于娱乐活动受到限制，费曼为了打发闲暇时光，就以研究如何打开各种保险箱为乐。不久，他这方面的名气人人皆知。他在捉弄了一位上校以后，看中了霍夫曼档案柜上的密码锁。那档案里装的尽是关于原子弹的机密文件，费曼对这些文件毫无兴趣，他想用一种实验心理学打开这神乎其神的密码锁，费曼心想，霍夫曼平日喜欢数学中的常数，因此有可能用这些常数做密码。有一天他趁霍夫曼出门，溜进了档案室。他开始用圆周率 π=3.14159 这个常数，先试 31–41–59，没开；又试 59–41–31，还是不开；又试 95–14–13，仍然开不了。

费曼猜想，可能不会是 π 了。仅次于 π 的重要常数是什么？当然是自然对数的底数 e = 2.71828，于是他用 27–18–28 试了一下，“咔嗒！”锁开了！费曼大喜。他拿了一份文件并留下一张纸条：“我借用了 LA–4312 号文件。”霍夫曼发现以后，吓得脸色发灰，以为间谍潜入，这下他可要倒大霉了。当最后得知是费曼在捣鬼，他不但没发火，反而拥抱费曼。因为他担心的惩罚没有了，遗失原子弹密件只不过是一场玩笑，真该谢天谢地呀！[①]

原子弹的爆炸成功，显示了犹太科学家的智慧，这是希特勒在欧洲反犹的必然结果。二战后美国科学的高速发展与这帮流亡犹太科学家汇聚到美国有很大关系。但是，后来，魔鬼缠上了制造原子弹的人，无论是爱因斯坦，还是尼尔斯·玻尔他们的内心无不笼罩着不安的阴影，因为他们给人类带来了毁灭性的力量，原子弹仿佛打开了潘多拉的盒子。费曼比他们年轻，责任也小，他的忧虑更加私人化。他觉得自己拥有的知识把自

① 杨建邺、徐绪森：《蘑菇云下的阴影——诺贝尔奖与原子弹》，武汉出版社 2002 年版，第 187 ~ 188 页。

己和普通人隔开了，他为什么对科学带来的核毁灭浑然不知？想到这里，他心如刀绞，何苦要建造那么结实的高楼大厦呢？除了上税和死亡外，究竟有什么是确定的呢？二战结束后，有相当长的一段时间，他非常痛苦，几乎无法工作。唯一聊以自慰的是，在康奈尔大学晚上的舞会中猛追女孩子，当她们听说他是洛斯阿拉莫斯实验室出来的科学家时，一个个溜走了，于是，他只能到酒吧和红灯区消遣。

1948 年的春天，27 位制造原子弹的物理学家在美国宾州波可诺山区的一家小旅馆聚会，奥本海默、尼尔斯·玻尔、费米、狄拉克等人纷纷到场。费曼在施温格演讲后，发表了演说，阐明了他的“不确定原理”理论，却遭到特勒和玻尔等人质疑，最后他的非正统“量子力学”理论还是成功了。但是，许多人还记得他在曼哈顿计划时的表现，奥本海默说他是原子弹团队中最聪明的年轻物理学家。至于他为什么会有这样的名气，没有人能准确说出来，只有少数几个人知道他在提高核爆炸效率的关键方程式上有贡献，但这个方程式在 40 年后仍被列为国家机密。费曼在前爆炸的理论方面也很出色，他算出一堆铀爆炸过早的概率，以资防范。

让大家记忆犹新的是，他当时组装了世界上第一个大型计算系统，他的方法是把新的机械电子式商用计算机和用彩色号码编号的女计算员混合在一起，他当时被公认为计算机高手，有一次，他一下子就解决了一个困扰一大群科学家一个月的问题，让大家瞠目结舌，许多人认为他是魔术师般的高级天才，再加上他醉心于原创性，怪点子多，让人赞叹不已。有一位理论家这么说："他简直可以光着脚去爬勃朗峰了。"一位英国作家则说："说来实在奇怪……他如果行为太庄重，他自己反而会笑。他天生就喜欢卖弄小聪明，而且乐此不疲……"当然，他的一位犹太同行、诺贝尔奖得主盖尔曼却想跟费曼较劲甚至有点敌视费曼，对什么费曼图、费曼积分、费曼规则，尤其是费曼传奇，有点不屑一顾。他说："费曼用神话来包装自己，而且花很多时间和精力来发明一些跟自己有关的小故事……在这些故事中，如果可能的话，他一定让自己看起来比别人更聪明。"在这些故事里，费曼既是小丑，也像个浪子，不但引人嫌厌，有时更是天真过头。参与原子弹计划时，费曼在邮件安全检查官的眼中是个麻烦分子。但他在参与调查 1986 年航天飞机爆炸事件中，却赢得大家的一致好评：在一个听证会上，他用 C 形老虎钳挤压一块 O 形橡胶圈，再把两个东西浸在一杯冰水里。他这项"小小实验"证明了橡胶在低温下会缺乏弹性。这无疑揭发了美国太空总署企图隐瞒的真相，同时破除了官样文章，让大众知道意外发生的真正原因。费曼仇视那些装模作样、道貌岸然的虚伪之人，他就像戳穿皇帝新装的小男孩一样，他天然是“权威”的敌人。所以，当玻尔要找一个不会畏于他的名望而敢于直言的人来批评自己时，他选中了当时还是“无名小卒”的费曼。费曼对人有时的确是无礼和不留情面，但他蔑视的是权威，对普通人却非常客气而有礼貌。在真理面前诚实第一，名望、财富皆微不足道。他最讨厌的是那些装腔作势的家伙。

费曼总是说他研究物理不是为了荣誉，也不是为了奖章和奖金，而是因为它好玩，是为了一种纯粹的发现的快乐——探明自然如何运作，什么使它如此准确。他的遗产是对科学的沉醉和奉献——它的逻辑，它的方法，它对独断论的反抗，它对怀疑的无限包容。他相信，如果以负责的态度运用科学，科学就不仅有趣，而且对人类社会的未来有不可估量的价值。这就是他的人生信条。像许多伟大的科学家一样，他还喜欢把对自然规律的惊愕与同事和外行人分享。此外，他兴趣广泛，对宗教、哲学等方面同样有独特的体验。在计算机的未来、纳米技术的未来方面，他同样有惊人的先见之明。

费曼说 :“如果火星人来到地球，发现地球人在活了七八十年后必会死亡，他们必然认为地球人在认识生命是短暂的之后，一定是活在巨大的心理压力之下。”

没错，然而我们人类总要设法活下去：“因此我们欢笑，我们开玩笑，我们照样过日子。”他又说：“为什么要去理会那些让你难受的想法？例如，为什么我们运气这么不好，上帝为什么这样对待我们……这些事情没人了解，你的境遇只是生命的一个偶然而已。”另一个犹太科学家魏格纳认为，费曼有非常纯洁的灵魂和超凡的天才，同样是一个有十足热情的凡人，从不掩饰自己的喜怒哀乐。因此，在他与癌症斗争的 10 年中，虽然经历了无数次危险的大手术，却从未中断他的“探险”和“嬉戏”。费曼说：“有太多的事我是一无所知的，例如去问‘我们为何在这里？’是否有意义。我或许会想一下子，如果没有答案，我就会将它搁下。我不要有个确切答案，迷失在一个神秘而没任何目的的宇宙并不会让我害怕，依我所知的一切，宇宙就是这样，或许吧，它不会吓着我。”费曼在认定人生的荒谬性后，仍然能满怀激情，这一点让人深深感动。

费曼和爱因斯坦一样，是一个不相信上帝的犹太人，他们信仰的是斯宾诺莎的上帝。因此，在他父亲的葬礼上，他拒绝跟着犹太拉比念祈祷文，即使是为了他的父亲，他也不愿意虚伪地祈神祝福。但是，他骨子里还是一个犹太人，他虽然从来没有看过犹太法典《塔木德》，但他对神学院的拉比说，“犹太法典是本很神奇的、伟大的、类似文学作品的东西，尽管有些琐碎”。但他反对许多拉比用一生的时光去诠释犹太法典。“想想看，在今天的时代，大家学习的目的是加入社会，做些事情——就算是做个犹太拉比。但令他们对科学产生兴趣的唯一原因，却只不过是由于那些古老、狭窄和从中古时期遗留下来的问题，在面对新现象时碰到其他新问题时，该怎么办？”当有人问他，为什么获诺贝尔物理学奖的许多人是犹太裔时，他回答说：“原因在于犹太人具有尊重学习的传统：他们尊重拉比，也尊重教育。”

费曼说得很有道理。

二、盖尔曼：天才加奇才

英国著名学者 J. 布洛诺夫斯基在他的代表作《人之上升》的一开篇写道：

> 人是一种非凡的动物。人具有一整套使自己在所有动物中显得无与伦比的天赋才能，因此人并不像其他动物那样，只是自然景观的一个景物，而是自然景观的塑造者。

回想人类文明的艰难发展历程，确实如此。人类不仅尽情地欣赏神圣的自然之美，而且塑造了许多神奇的物质内部景观。现代物理学的发展，就是从古希腊哲学大师德谟克利特关于“万物皆由原子组成”的伟大猜想开始，不断进行创造和发现，显现了人类物质世界的神奇和复杂。在电子、质子之后，又接二连三地出现了中微子、中子、正电子、介子……1964 年，一位世界物理学界的“天才加奇才”再一次提出了一种伟大的猜想，震惊了全世界，并获得了1969年的诺贝尔物理学奖。他就是——夸克之父：盖尔曼。

这位15岁就进入耶鲁大学、22岁就获得麻省理工学院博士学位的神童，在23岁时就为基本粒子引入了一个新的量子数——奇异数，从而引发了一场物理学革命。此外，他还创立了基本粒子分类的八正法，并第一个指出所有物质均由更基本的组元——“夸克”构成。这些贡献极大地推动了人类对微观世界的认识。在获得了诺贝尔奖以后，他还发起创立了一个跨学科研究中心——圣菲研究所，以研究在自然和社会中广泛存在的各种复杂现象。

盖尔曼不仅是一位理论物理学家，并以学识渊博闻名。他曾沉溺于几乎所有事情——古代历史、考古学、语言学、野外生态学、鸟类学、钱币学，以及法国烹饪和中国烹饪——并且总是时刻诱惑别人与自己交谈，仿佛故意暴露别人的浅薄。他曾带着来访者到中国餐馆就餐，用听起来还过得去的汉语点菜。他曾在加德满都和唐人街上闲逛，并大声读出那些招牌的名字，让在场的人佩服得五体投地。但是，他也有表现糟糕的时候，当某人问了一个非常愚蠢的问题或与他意见相左时，他则会故作呻吟状或发出无奈的叹息，让别人非常尴尬。在盛大的诺贝尔奖晚宴上，盖尔曼用瑞典语发表了一通演讲，倾倒了主办者。不过随即，主办者感到的是迷惑，继而是愤怒，因为他没有交上将在年度特庆专利中发表的正式演讲稿。他对写作一向有恐惧心理，这是他一生中最困扰他的事情。这一次，他不得不低声下气地道歉，应付一个又一个的急电，最后，他还是坦言——在出版截止日期因为他一而再再而三地延长了几个月后——他根本交不出演讲稿。在各年诺贝尔奖的纪念专刊中，你可以发现一页空白，这是为盖尔曼留下的。

他既是一个迷人的谈话者和带歉意的拖延者，又是一个话语刻薄但从不悔过的人，他曾羞辱过一些著名的物理学家，也培养和推荐过许多青年精英，甚至还认为一些青年物理学家对夸克模型的“开创性工作”远远超过自己。总之，他是一个非常怪异的人。圣菲研究所新来的秘书有次犯了个错误，她向盖尔曼提及她刚刚看过一个关于费曼的电视节目，费曼自从去世以后，名声日隆。盖尔曼发作了，他大肆攻击这位老朋友的声誉，让这位秘书不知所措。因为，有时他非常想念这位好朋友——但他不愿看到费曼像一个去世的摇滚明星那样，成为一尊偶像。他年迈的时候，终于有所变化，黄昏时常常独自沉思，嘴里喃喃自语：“每个人都对我那么好，我必须感激他们。”尤其是回忆起他的英年早逝的恩师——恩里科·费米时，他的眼圈常常发红。也许是他哥哥的影响，他终生对大自然和鸟类情有独钟。1985年，他还专程穿越美洲的热带森林，乘船到亚马孙河低地雨林做探险旅游。正是在这次旅游中，他在荒野丛林中近距离看到了美洲豹,还“嗅到了一股刺鼻的臭味……听到它穿越矮树丛时踩断灌木的噼啪声”。他“看见了美洲豹的尾巴，可倏忽之间它就消失了”。他遗憾地叹息:“这位动物之王，就这样与我们失之交臂了！”不过，他由此想到了夸克与美洲豹之间的关系，写出了一本有趣的奇书《夸克与美洲豹》，未出版就拿到了著名的矮脚鸡出版社拟付的55万美元中的25%的预付金。有趣的是，盖尔曼是一个完美主义者加办事拖拉者，手稿迟迟交不上来，出版商多次要求他退还预付金。最终《夸克与美洲豹》还是出版了，并卖给了世界上十几家出版商，赚了一百多万美元，再一次创造了奇迹[①]。

默里·盖尔曼于1929年9月15日生于美国纽约，是一个归化了的东欧移民，盖尔曼常常对自己的家庭出身守口如瓶。由于受父亲的影响，盖尔曼从小就是一名“天才儿童”。3岁的时候，他就心算大数字的乘法，7岁的时候，他在拼写比赛中赢了比他大5岁的孩子。那个词是“传票”，他不但拼写正确，还纠正了主考官的

---

① 杨建邺:《走向微观世界——从汤姆逊到盖尔曼》，武汉出版社2000年版，第218～220页。

发音。上学的时候，每次老师提问问题，他的手就举得老高。一旦老师让另外的孩子回答并答错了，他就很生气，从小他就是一个爱出风头的家伙。放学后，他到附近的棚户区上钢琴课，他对那位20出头、迷人漂亮的女钢琴教师佩服得五体投地。而这位女教师也对这位衣着整洁的男孩的聪明留下了非常深刻的印象。其他孩子常常会揶揄他："自作聪明的小子，你以为你什么都知道呀！"盖尔曼认真地回答："我真的什么都知道啊！"他并不是狂妄自大，只是在陈述一个事实，他不明白为什么会引起别人的反感。但是，女钢琴教师却非常喜欢他，经常邀请他到家中做客。一天，老师把他引见给她的一位艺术家朋友，结果盖尔曼给他上了一堂艺术史课。还有一次，老师带他去听一位年轻艺术家的演奏，刚弹了几秒钟，盖尔曼就开始批评音乐家对谱子的理解："八度辅点音符在哪儿呢？"音乐会结束了，老师问他是否愿意上台去一睹艺术家的风采。盖尔曼却不感兴趣。"那么，如果是爱因斯坦，你会过去吗？"对此，8岁的盖尔曼回答道："当然，他比我强。"事实上，他长大后见到了爱因斯坦，但也没有过分的举动。这也许是犹太人"反对偶像崇拜"的戒律在起作用吧。在他8岁生日的时候，盖尔曼获得了全额奖学金，进入了私立哥伦比亚文法学校。在公立学校已经跳了一级半，哥伦比亚文法学校又让他跳了两级。就这样，盖尔曼成了一名非常年轻的六年级学生。

在哥伦比亚文法学校，获得全额奖金奖的人很少很少。这个比班上多数同学都小 3 岁的犹太男孩，一入学就以超常的智商吸引了人们。对同学们来说，他就仿佛一部《大不列颠百科全书》一般，无所不知。除了功课以外，他还是数学和历史俱乐部的成员，辩论俱乐部的主席和国际象棋队队长，他不仅足球踢得好，并且是网球队队长，还是校报的主编。据该校年鉴报告记载，他被选为“最用功的学生”，同时又赢得了“天才男孩”的称号。毕业时，盖尔曼代表全校毕业生致告别词。

1944 年，15 岁的盖尔曼考入了耶鲁大学。在耶鲁大学的时候，他同样是最优秀的学生。当其他同学还在课堂上艰难地啃着枯燥的电动力学课程时，他已将作业的答案全部搞定。一天晚上，一个同学向他请教一道难题，盖尔曼稍加思索就把答案告诉了他，该同学说：“这不是我想要的，我问你是如何给出答案的。”但盖尔曼变得有点不耐烦，因为他常常对简化的步骤忽略不计。后来那位同学很自卑，由物理系转到数学系，学了一堆哲学，毕业后开办了许多电影院。盖尔曼在轻松谈笑间拿下了许多课程，并常常出去喝啤酒、吃夜宵或参加自由辩论，成为那些能够容忍他无所不知的同学的伙伴，并参加了许多反叛意识很强的高级学生社团。一次，他和一帮同学穿着罩着头巾的长袍，尾随在一群刚刚从“坟墓”回到宿舍的同学身后，以此嘲弄这些社团故作深沉。还有一次，他们冲进了最秘密的社团“骷髅会”的房间。这个社团的成员中就有乔治·布什。

在耶鲁大学刻意追求的“典雅”中生活了4年之后，刚刚来到麻省理工学院的盖尔曼发现它的确有些邋遢。盖尔曼在自己的导师韦斯科普夫（维奇）身上并没有发现那种邋遢气。维奇曾受雇于奥本海默，在洛斯阿拉莫斯工作过，是物理学领域中的一颗耀眼的新星。维奇出生于一个富有的维也纳家庭，装饰豪华的家就坐落在富丽堂皇的市政厅对面，附近是精心修饰的公园。他的家里有女仆，还有一个厨师和一个保姆，像很多维也纳犹太人一样，他们曾自豪地认为自己是奥地利人。维奇的曾祖母接管过一家行将倒闭的银行，并发了大财。他们经常去听歌剧，参加音乐会，上钢琴课。孩子们接受的教育是尊敬歌德、席勒和其他伟大的德国作曲家。维奇从小就养成了优雅和自信的性格。因此，盖尔曼对麻省理工学院的偏见很快就被兴奋代替。维奇曾经做过薛定谔的助手，还师从过马克斯·玻恩、海森堡和尼尔斯·玻尔，无论是令人费解的波粒二象性，还是亚原子的“不确定原理”，以及叼着烟斗神秘的玻尔把原子量子化……维奇都了如指掌，并在课堂上以讲故事的形式描述得栩栩如生。盖尔曼以惊人的记忆力保证他的大脑中的东西永远比别人多，像一台知识吸尘器一样吸空导师的所有知识储备。

1947 年，当盖尔曼还在耶鲁大学的管道里探险的时候，维奇就开始和一大批先后获诺贝尔奖的弟兄们在谢尔特岛的一个老式旅馆里探讨问题。其中有拉比，正是他将哥伦比亚大学变成了物理学的发电站；还有汉斯·贝特，一个慢慢腾腾的德国人，他的原子物理学知识就像一部百科全书，正是他从理论上论述了热核聚变如何使得恒星发光；此外，还有"计算机之父"冯·诺伊曼和"氢弹之父"爱德华·特勒，冯·诺伊曼帮助开发了用来模拟第一次核爆炸的数学方法。这些人大都是来自匈牙利的犹太人，并和尤金·维格纳与利奥·西拉德等人宣称，他们是"来自火星的高等生物"。此外，还有尼尔斯·玻尔的弟子约翰·惠勒，以及三位犹太天才：亚伯拉罕·派斯、理查德·费曼和朱利安·施温格，他们大都年近 30 岁，早就为"谁是最聪明的小伙子"这一头衔而相互竞争。盖尔曼在耶鲁的强硬对手布雷特也在其中。主持者是奥本海默，曼哈顿计划之后成了维奇的老板。这是一次名副其实的名人聚会，届时一颗精心放置的炸弹将要摧毁整个领域。维奇由于过于粗心大意，丧失了一个绝好的机会——同施温格、费曼和朝永振一郎同获诺贝尔奖。维奇后来认为，问题的关键在于他从来没有长时间集中钻研一个问题，相反，一受到好奇心的驱使，他就从一个问题跳到另一个问题，说白了，他缺乏一种执着钻研的精神。但维奇认为，自己是一个优秀的教师，他愿意把自己掌握的知识传授给别人。况且，他一直生活在量子物理学的前沿。

维奇喜欢让学生发言，看看他们的基本功是否扎实，但他反感盖尔曼的夸夸其谈。除此而外，他还很难理解盖尔曼对自己的犹太出身讳莫如深。在维也纳有很多人叫格尔曼，但是没有一个人用盖尔曼这个夸张的名字，仿佛在故意模糊他的犹太祖先。在一定程度上，他对此表示同情。生为犹太人只是一种偶然，为什么一定要成为一个人身份的一部分呢？在柏林大学，维奇曾经恐惧地透过办公室的窗户看着纳粹恶棍凶残地在校园里鞭打学生（有时他会把受害者带进房间并帮助他们从后门逃走）。犹太身份不像头发的颜色那样仅仅是一件微不足道的事情，维奇想不明白为什么有人会轻率地忘掉自己的祖先。

尽管刚刚 20 岁，盖尔曼已经成为一名传奇人物。他的同学总是很纳闷，他到底哪来的时间学习核物理并且搜寻那些他喜欢的隐秘的事实？他仍然每天优哉游哉，看不出花多少时间在学习上。他的密友们认为他在耶鲁一定埋头苦读，积攒了大量的知识储备，所以现在才如此轻松。其实，他花大量的时间读麻省理工学院的课本，他认为这些课本要比耶鲁大学的课本好得多。1951 年 1 月 1 日，盖尔曼拿到了麻省理工学院的博士学位。

在普林斯顿高等研究院 1933 年开门后，爱因斯坦突然发现这所研究院让人感到压抑，以至于他寄信时在信上的落款地址写的是“普林斯顿集中营”。比利时女王是爱因斯坦的好友，爱因斯坦在给女王的信中对这座小城的描述已经成为一段传奇：“不伦不类、古怪而又死板的乡村。”在当时，爱因斯坦生活在郁闷当中。要不是纳粹的迫害，他宁愿待在柏林，谁喜欢普林斯顿这个鬼地方。后来，研究院从普林斯顿大学迁往城郊的一个旧农场，虽然偏僻却大腕云集，爱因斯坦、冯·诺伊曼、经济学家维布伦、逻辑学家哥德尔。盖尔曼等青年科学家应邀在学院逗留一两年，目的是体验那里的学术氛围。

爱因斯坦在这里度过了生命的最后几个年头，盖尔曼有时看到他与哥德尔在林间小路散步，哥德尔是个小矮个儿，不知他们是讨论重要问题呢，还是在消磨时光。盖尔曼发现，大家所推崇的爱因斯坦是一位拒绝接受量子理论的头发蓬乱的老人，这让他多少有点悲哀。为什么不是那位精力充沛的发明相对论的 26 岁年轻人呢？后来，盖尔曼后悔没有利用那段时光结识爱因斯坦，但他无法想象和一个如此沉湎于往事回忆的人谈话。看到有些人千方百计地讨好爱因斯坦，盖尔曼感到非常厌恶，决意不与这些人为伍。他与爱因斯坦的交往，仅仅是见面互相问个好而已。在奥本海默的感召下，研究院里云集了一大批年轻的天才，戴森 27 岁，杨振宁 28 岁，李政道 24 岁，费曼、施温格和派斯都 32 岁，盖尔曼最年轻，只有 21 岁。

芝加哥大学是雄心勃勃的青年物理学家最理想的场所。教员中有爱德华·特勒和西拉德，以及化学家哈罗德·尤里和威拉德·利比。但最引人注目的是费米，与他打交道的是一大批实力雄厚的新星，包括盖尔曼在内。其结果自然是各种思想相互交融，就像原子堆内跳飞的粒子一样不可思议和丰富。有人将当时的芝加哥大学比作玻尔领导下的哥本哈根大学或卢瑟福领导的卡文迪什实验室。一位匈牙利物理学家说："在这个时代，最愚笨的人也引以为荣。"费米和盖尔曼在当时出尽了风头，被列入别人最敬佩的人之列，费米是以科研征服人，盖尔曼则以博学和无所事事令人钦佩。尤其是周末，盖尔曼要么和朋友下饭馆纵论国际形势，要么是独自练习中文，并经常跟神学家侃神学，为航海家讲航海，偶尔还为一些狂妄的科学家解决物理难题。盖尔曼常说，粒子物理学是最崇高的学术职业。其实，他在这方面有点自命不凡。他常常断言，除物理学以外的所有学术都是二流学术，因为其他学术只不过是把学到的智慧用到新的情况下；而粒子物理学，则可以探寻物质最根本的规律，是其他所有学科的基础。

不久之后，他就为基本粒子引入了一个新的量子数——奇异数，从而引发了一场物理学革命。盖尔曼时年 23 岁。

盖尔曼喜欢反复思考自己大脑中的问题。当一位自由作家向他询问对于科学和基础教育的看法时，他兴奋地答道："如果一个孩子长大后能成为一名科学家，他会发现，他整天做那些人类有史以来所发明的最有趣的游戏，居然还有报酬。"令他着迷的并不只有粒子，他结婚时至少有 6 种语言比他太太强，包括数学。他唯一的不足是，不喜欢写文章。也正是由于他的博学，使很多人和他在一起的时候感到不自在和浅薄，再加上他天生不善社交，常常显得令人讨厌。只有一人可以对付他，那就是费曼，因为费曼常常可以和他开一些严肃的玩笑。一天，费曼漫不经心地问起"美元"一词的来历，但他问完又后悔了，这不是又给了他一个展示自己知识的机会吗？果然，盖尔曼开始滔滔不绝地从 16 世纪波希米亚的硬币谈起。但盖尔曼对到家里的朋友还是非常热情的，供应的马丁尼酒冰凉而且非常充足。有一次，一位朋友喝多了，出门不久便摔倒在前院的草地上。第二天清早，一个邻居来敲门，告诉盖尔曼他担心这里发生了凶杀案，而尸体就在路边。费曼也经常和盖尔曼在一起喝酒，他在一篇文章中写道："一天晚上，在一家酒吧，我栽在便盆里，被打成了黑眼圈名人。"1959 年 2 月，刚过 30 岁的盖尔曼获得了一项由美国物理学会和物理协会共同设立的"丹尼·海涅曼数学物理学奖"的头奖。颁奖仪式后，他花 2500 美元买了一辆美洲虎轿车。盖尔曼耶鲁大学的同班同学——世界著名学者塞缪尔·亨廷顿给他寄来了贺信："干得好，老同学……这下你让我们所有的人都看起来太落伍了。"这年稍后，曾拒绝他申请物理系研究生的耶鲁大学，授予他荣誉博士学位。

在科学研究中，盖尔曼特别喜欢同别人合作，尤其是同年轻人合作，他们大多充满活力、思维敏捷。人们路过他的办公室时，常常可以听到一帮科学家在大声争论。虽然有时盖尔曼对人过于苛刻，但和他相处还是很有情趣。一位科学家由于受不了他的脾气，一度躲避盖尔曼，在咖啡馆闲逛，学习法语，试图破解他聪明的密码。几天以后，与盖尔曼不期而遇，盖尔曼总会生气地说："你跑到哪里去了？这几天我又有成千上万的想法。"与他合作最愉快的是后来获诺贝尔奖的年轻哈佛犹太物理学家格拉肖，除了相同的精神以外，他们都喜欢豪华的餐厅和昂贵的跑车。唯一不同的是，格拉肖经常开着跑车往返于各大城市之间，他在每个城市都有不同的女友，是一名典型的“国际花花公子”。格拉肖对盖尔曼有三大不满：强迫他了解一些他真的不想知道的东西，强迫他吃一些他真的不想吃的东西，并时常诋毁他的导师——另一位犹太大物理学家施温格。而盖尔曼对格拉肖却大加赞赏。他们经常一起去一家酒吧喝酒，而且大多是下午五点半去，那样他们就可以一整晚享受 53 美分一杯的饮料。在一次探险中，他们迷了路，停车向一位印第安人问路。那个人听不懂他的西班牙语，改用当地方言回答。没过两分钟，盖尔曼就开始用那种晦涩难懂的语言同那人交流。

1962 年 2 月，盖尔曼在几经挫折之后，终于向全世界公布了自己的“八正法”。按照盖尔曼的解释，“八正法”不只是因为在每个表示中有八个可能的旋转和八种粒子，而且是因为佛祖的一句关于获得涅槃的八种方法的格言：“喂，僧侣们，引导我们远离痛苦的崇高的真理，乃是至高无上的八正道：即正见、正思维、正语、正业、正命、正精进、正念、正定。”恐怕连佛祖也没想到自己竟如此佛法无边。但在别人嘲笑他的“八正法”时，除了佛祖在他心中以外，他太太对他的鼓励也非常重要。她写信给远在印度的他，描述自己如何度过一个个孤独的夜晚：“我的至爱，丽莎已经睡了，除了蟋蟀的鸣叫声和钟表的嘀嗒声几乎没有任何东西能打破这里的寂静。”“外面的花园里很凉爽，气味也很芬芳，水池已经干涸而且发着亮光（它看起来很好，就像你以前看到的那样）……我马上要爬上楼梯的书房，等待你叼着你的烟斗，等待你写着你的方程。毕竟，这是思念一个人的很好的方法，只要你确信他会回来。”

盖尔曼最喜欢的是大作家乔伊斯深不可测的小说《芬尼根守灵夜》，最吸引他的是下面几句诗：

——冲马克王叫三声夸克！
他一定没有从一声吼叫得到什么，
他所有的东西肯定是在这个痕迹之外。

太好了！这正是把夸克三重态用来构成八正法的八重态和十重态的描写。自命为一个业余的乔伊斯研究者，他注意到“冲马克王叫三声夸克”也可以作为小酒馆中招呼来一杯酒的叫声，它符合盖尔曼最喜欢的发音。文学的评注也可以像粒子物理学那样有创造力。他也很快地了解到在德语中“夸克”是指一种软软的、有点味的干酪，并且也可以在俚语中表示“无稽之谈”。当八正法还刚刚出来时，几乎没有物理学家想接受如夸克这样稀奇古怪的东西。但不久人们就把他叫作新的门捷列夫。“夸克”到底“实际上”是什么？夸克或场甚至中微子和电子，究竟在多大限度内是存在于宇宙中？而又多大限度只是人类心智的发明？一时还很难说，人们众说纷纭，莫衷一是。盖尔曼解释道，一个理论家的好坏要用他发表的正确想法的数目减去错误想法数目的两倍来判断。有奇异数、V–A 以及八正法理论在握，他并没有多少困难去经受对夸克的怀疑。他说：一旦强力和弱力被驯服了，一个统一的原则将最终被找到，它可以把自然界的所有力都统一起来。电磁力、弱力和强力最终将被放进一个理论框架中。他不知道那个统一理论会是什么形式——是一个场论还是一个靴袢理论。他说，还是后者现在看来更有希望，但是场论可能还是有未来的。1969 年，他终于获得了诺贝尔物理学奖。

恭喜！校园理发店的忠实顾客盖尔曼先生。三位理发师将同时为您服务。

所有的人都向他表示祝贺。1972 年，他在澳大利亚关于夸克的一篇演讲中说道：

> 在我们的工作中，我们总是处于进退两难的窘境中；我们可能会不够抽象，结果把我们模型中假想的目标变成了吞噬我们的真实的怪物。

三、佩鲁茨：“真该早些惹怒你”

有一类游戏是很吃力的，但兴趣会使人忘记辛苦；

有一类卑微的工作是用艰苦卓绝的精神忍受着的，最低陋的事情往往指向最崇高的目标。

我这个平庸的任务对我来说，既沉重又可憎；

但是我所侍奉的女主人却能使死者复活，并使我的劳动快乐无边。

星空是天文学家兹维基的“女人”，而M．F．佩鲁茨的“情人”则是血红蛋白——红色血细胞中的蛋白质。在探索血红蛋白结构中，佩鲁茨拍摄了几百张血红蛋白晶体的X射线衍射图，每张照片的曝光要花费2个小时。其中一些照片是他在二战期间拍摄的，为了在德国人发动空袭时扑灭燃烧弹，他当时不得不整夜待在实验室中。在那些夜晚，佩鲁茨每隔2小时起床一次，把晶体转动很小的角度，冲洗已曝光的胶卷，并在相机中加入新胶卷。得到所有照片后，真正的劳动才算开始。每一张照片含有几百个小黑点，他必须用肉眼一个一个去分辨测量小黑点的黑色度。他以这样一种方式工作了6年，才将数据收集齐全。然后，再到伦敦一家公司使用一种过时的机械式穿孔卡计算机对数据进行处理，获得了几千个数字输出结果。这些数字勾勒出他想解答的结构图的数学抽象：在构成血红蛋白分子的5000个原子之间，由同一原点辐射出2500万条线的方向和长度。通过仔细观察，佩鲁茨得意万分地发现：血红蛋白分子仅由几束间距相等的平行原子链构成。

免疫学之父——犹太人保罗·埃尔利希认为，科学家成功需要具备四种要素：技巧、耐心、金钱和运气。佩鲁茨虽然因发现血红蛋白的分子结构而同肯德鲁共享了1962年的诺贝尔化学奖，却因未能深入进行DNA的研究而悔恨不已。当然，他的研究构成了分子生物学的重要思想来源。

1914年5月19日，佩鲁茨出生于奥地利维也纳一个富裕的犹太纺织业主家里。在故乡从小学读到大学毕业后，1936年10月1日，佩鲁茨又以优异的成绩考入科学“圣地”——英国剑桥大学，成为著名的剑桥卡文迪许实验室的一名博士研究生，并选择了蛋白质结构问题的研究。事实上，对DNA分子结果的研究，正是以他的探索为起点的，而他运用当时最先进的物理学技术——X 射线分析技术进行的工作极具历史意义。博士毕业后几个月，他就被英国政府作为敌侨遣送到加拿大魁北克军营，拘禁了 8 个月。这段痛苦的经历，使他深深体悟到“被收养自己的国家抛弃”比丧失自由本身还痛苦，也使他真正体会到战争对人性的摧残和迫害，从而开拓了他的研究视野，并促使他在有生之年不断为科学家的人权和科学人道主义事业而奔走呼号。

作为蛋白质研究领域一位“新大陆的探险者”，获奖后的佩鲁茨并未故步自封，而是继续沿着从结构探询功能的思路，从血红蛋白的分子结构来探索其输送氧气的机理。在重温 19 世纪 40 年代法拉第对血液所做的相关磁性研究后，借鉴了著名化学家鲍林及其学生科里尔对血红蛋白磁化率的测定情况，通过对光谱学和磁性测定技术等的创造性应用，佩鲁茨在 1970 年“发现铁的自旋变化是触发伴随着血红蛋白与氧的化学反应的同分异构变化的根源”，并从血红蛋白分子结构变化阐述了其输氧机制，真正实现了萦绕一生的愿望。

晚年的佩鲁茨更加勤奋，他通过为《纽约书评》、《伦敦书评》和《科学美国人》等杂志撰写大量的科普文章和思想随笔来体现他的人文精神。《真该早些惹怒你》就是他关于科学、科学家和人性的随笔集，展示了这位犹太大师渊博的学识。佩鲁茨敏锐地感觉到，尽管科学已经改变了这个世界，但科学家并未洞悉其成果给人类带来的后果是福还是祸，这是当时技术发展带来种种伦理问题的重要根源。佩鲁茨以“善与恶”为思考的线索，对科学家的创造力、伦理情操、内心生活，以及避孕技术、核燃料再处理技术、核技术、化学武器的伦理问题进行了深入浅出的讨论，尤其是他对科学家人权的强烈关注，折射出他对人类社会公正性的深刻洞悉，体现出他高尚的道德感和社会责任感。

“真该早些惹怒你”是他的一篇文章的名字，记录了他研究血红蛋白的艰难过程，告诉人们，他发明创造的思想火花正是由于对失败的恼怒而激发出来的创造性激情。他对“人权”的研究非常系统而深刻，从古希腊埃斯库罗斯的悲剧，到柏拉图、亚里士多德的精英统治论，再到罗马皇帝马可·奥勒留的《沉思录》，又到英国的《大宪章》和孟德斯鸠的《法的精神》，最后又写到孔多塞、阿克顿、麦迪逊和约翰·密尔的《论自由》和《联合国世界宣言》，以及《公民权利和政治权利国际公约》……佩鲁茨深刻地认识到：

人人均拥有生命、自由和人身安全的权利。

对任何人均不得加以酷刑或施以残忍的、不人道的或侮辱性的待遇或处罚。

法律面前人人平等。

对任何人均不得任意逮捕、拘禁或放逐。

人人有权享受思想、良心和宗教的自由。

人人有权享受言论和表达的自由。

这是1966年《公民权利和政治权利国际公约》中公认的“人类天赋的尊严”，只不过这些权利经常遭到践踏罢了。但佩鲁茨坚信，这些权利能够在国际法中得以神圣的保留，依然是人类文明的巨大功绩。

在这部书中的许多文章非常有趣，诸如《人类的朋友抑或人类的敌人》、《获取原子弹专利的人》、《德国人为什么没有造出原子弹》等，不仅论述了有关犹太人的命运，同时也揭开了许多历史细节的神秘面纱。在《人类的朋友抑或人类的敌人》的开头，佩鲁茨引用了托尼·哈里森剧本《变圆的正方形》中的台词：

就科学而言，我以为，任何把它看作是一种增强人类权力的工具的念头，毫无疑问都是对圣灵的亵渎。

弗里茨·哈伯：“用我的发明去制造更多的死亡，这从来不是也永远不会是我的意愿。”

克拉拉·哈伯："你的方法导致了死亡和荒凉。"

弗里茨·哈伯："它拯救了迅速走向饥饿的世界。"

作为一名犹太人，佩鲁茨对哈伯及其妻子的命运深表同情；但作为一名"世界公民"和正直而有良知的科学家，他对哈伯制造毒气却从未有过悔恨深表遗憾。他写道："哈伯似乎从来未有过悔恨。他对自己发明化学武器进行辩护的借口是：法国人早就使用了化学武器，其实这并不符合事实真相。他的另一个借口是：这些化学武器比烈性炸药更人道，因为许多战士受到化学攻击后仍能活下来。可他从未提到许多幸存者在其余生中要遭受身心两方面的折磨。"

1933 年初，在纳粹掌权之前几周，哈伯给他的一位朋友写信："我用正在衰退的力量与我的四个敌人作战，它们是失眠、离婚妻子的财产要求、对未来信心的缺乏和对自己一生中所犯的重大错误的认识。"哈伯没有说明这个负罪感是什么，究竟是对妻子自杀的悔恨，还是对自己缺乏人道主义的忏悔。爱因斯坦很早就对纳粹的本质有所警觉，因此，他在访问美国后公开宣称自己不会再回到德国，因为德国不再承认"公民自由，宽容以及法律面前人人平等”等理念。纳粹媒体马上给予他洪水般的谩骂与回击，普鲁士科学院的院士们则纷纷要求对爱因斯坦采取惩罚行动。普朗克认为，不管德国新政权有什么错，作为一名德国人，爱因斯坦还是应该在国外支持和拥护德国，并决定，不能让爱因斯坦保留普鲁士科学院永久院士的身份。当普朗克向与会院士宣布其看法时，哈伯表示赞同，唯有物理学家、诺贝尔奖得主马克斯·冯·劳厄勇敢地反对这一可耻决定。爱因斯坦对此事一直耿耿于怀，深为不满。后来当一位朋友问他，如果他能向德国的朋友问候，他会问候谁时，爱因斯坦答道："只有劳厄。""真的没有其他人了吗？""是的，只有劳厄。"诚然，忏悔还是不忏悔，这是每一个个体自己的权利，但是如《变圆的正方形》剧中合唱队蒙着面纱和哈伯的妻子唱道："他将永远不会看到他的德国同伴，用他那种杀人方式杀死他的犹太同胞。"

在《劈开原子》一文中，佩鲁茨对女原子物理学家迈特纳的一生深表同情。他写道，哈恩和迈特纳的研究珠联璧合，哈恩缺乏物理学和数学知识，而迈特纳则需要化学知识。他们的交往非常严肃：他们称呼对方为“小姐”和“先生”，并避免诸如一起吃饭、散步这样一些会产生闲言碎语的亲密行为。在一起合作 16 年后，他们才互称对方的名字，并使用了一个比较亲密的词“你”，这和当前中国人男女合作和师生合作的关系极不相同。迈特纳终身未嫁，也没有什么情人，但她具有一种获得友谊的天才——始终和普朗克一家、哈恩一家和劳厄一家，保持了非常良好的关系。在普朗克的鼓舞下，迈特纳还受洗皈依了路德教。可惜的是，在 1938 年希特勒把奥地利吞并到德国后，由于她的一名同事告发她是犹太人，她被迫流亡瑞典，因此与诺贝尔奖擦肩而过。后来，有一篇新闻故事以"逃亡的犹太女人"为题，讲述了她如何拒绝美国洛斯阿拉莫斯小组的邀请，然后又带着原子弹的秘密逃离德国，并将这一秘密交给盟国的经过。1945 年 9 月，迈特纳给她姐姐写信说："我感到自己就像一个骗子，特别是当美国犹太人……因为我是犹太人的后裔而称赞我时。从信仰上讲，我不是犹太人，我一点也不了解犹太文明的历史，并不感到对犹太人要比对其他人更亲近。而现在，当人们如此强烈地希望消除世界上一切种族偏见时，如果犹太人自己来论证这种种族偏见，这是否是一种不幸？"

不管怎样，在战后的岁月里，迈特纳还是在德国和美国获得了荣誉与承认，并且与以前在柏林的老同事和其他一流物理学家又重新建立了友好联系。1955 年，爱因斯坦去世后，她给马克斯 · 冯 · 劳厄写信道：

在柏林的那些日子里，我对爱因斯坦充满钦佩热爱之情，从内心来说，我常常对他完全缺乏个人交往感到困惑……只是到后来我才理解，他远离人们是因为他对人类的爱和责任。

佩鲁茨也和爱因斯坦一样，深受犹太文化的滋养，对人类充满着责任和爱，在他的文章《我的摘句簿》中所摘的一些格言，既能发现他广泛的阅读兴趣，又能洞悉他深刻的思想，这是中国科学家望尘莫及的。不妨给您摘录几段：

关于科学和科学家

精神分析本身就是一种需要它去治疗的疾病。

——卡尔·克劳斯

爱因斯坦在面对他人的反驳时，会对这种反驳认真进行思考，如果别人找出他的错误，他会很高兴，因为他感到自己已避免了一个错误，而且自己比以前知道得更多了。

——奥托·罗伯特·弗里希论爱因斯坦

对知识的渴求好似一种毒瘾、一种爱的渴望、一种杀戮的恶念，犹如人的个性被弄得失去了平衡。并不是科学家追逐真理而是真理追逐科学家。真理一直在折磨着他。

——罗伯特·穆希尔，《没有品格的人》

真正的科学家总是准备去忍受贫困，假如需要的话，宁可忍受饥饿也不愿别人来主宰自己。

——艾伯特·圣捷尔吉，《科学需要自由》

我不知道这些人是怎么搞的，他们不是通过理解来学习。他们的学习是用其他方法，用死记硬背或别的方式。他们的知识太脆弱了。

——理查德·费曼，《你准是在与费曼先生开玩笑》

一个具体的例子胜于一座文字的高山。

——弗里曼·戴森，《科学美国人》

我觉得所谓的自我，是靠比我内心中的自我更伟大的东西来完成。

——克拉克·麦克斯韦的临终遗言

即便一个人表达了与你相左的观点，你也

得视其为一位诚实的人而尊敬他。

——阿尔伯特·爱因斯坦

我无法理解研究是什么东西，能促使科学家像钟表般持续不停地活动。他们总是犯错但又总是继续干下去。

——弗雷德·霍伊尔，《乌云》

没有良知的科学是灵魂的毁灭。

——拉伯雷，《巨人传》

科学上的成功来自人，而不是来自设备。

一条科学定理越基本，它的表述就越简明。

我们不必担心学生什么都不懂，而要担心他们是否把每一件事物都理解错了。

科学保密盗走了保持科学健康的要素：科学舆论。

错误有很多，而真理却只有一个。

——彼得·卡皮察

知识并不危险，危险的是无知。

科学就像艺术一样，并不是对自然进行复制。它对自然进行再创造。

科学许诺幸福吗？它许诺真理，而问题在于一个人能否不断地从真理中获得幸福。

仅仅说出真相是不够的。我们必须说出全部真相，一点秘密也不保留。科学家的责任就在于这一方面。

在时间的长河中，当你成为一个专家时，你就变成了你所做与所知的囚犯。

一些人对使用由精心选择的捐献人所提供的冰冻精子赞美不已。某些人甚至吹嘘诺贝尔奖得主的精子。只有当你不了解诺贝尔奖得主时，你才会想去繁殖像他们这样的人。

关于试管婴儿。上千年来，人们试图找到没有孩子的快乐，但最终会拥有孩子而没有快乐。

人脑也许无力于理解人脑。

——弗兰可依斯·雅各布，《鼠、蝇和人类》

名声、荣誉、快乐、财富，与对科学的热爱相比，皆为粪土。

——查尔斯·达尔文

让我们还是迎头抓住眼前的瞬间吧！

因为我们已经老了，

时间无声的脚步，

不等我有所作为，悄悄地溜走了。

——威廉·莎士比亚，《终成眷属》

送礼的人要是没有诚意，礼物虽贵，也会失去价值。

——威廉·莎士比亚，《哈姆雷特》

如果你要表述一种观点，却没有使用一种确信无疑的神态和理由充足的知识，那么你是十足的愚蠢。你声明自己的观点，自然地就会喜爱这种观点。

——乔治·艾略特，《弗罗斯河上的磨坊》

基督教福音书告诉我们，不存在国家，唯存在着人民。

对我们来说，最重要的事实是耶稣在来自于每日生活的寓言中所说的，他用日常现实的语言来解释真理。在这个事实之下是这样一种观念，即凡人之间的交流是不朽的，而生命整体是个象征符号，因为生命整体都有意义。

为什么犹太人民的精神领袖们从未能摆脱温和的悲观主义和冷嘲热讽？为什么他们不对

犹太教徒说："那已经足够了，该停下了。不要抱着你们的身份不放，不要抱成一团。分散开来。与其他人待在一起？"

我过去常常有真正的革命性思想，但现在，我以为从暴力中得不到任何东西。人们必须由善行引导向善。

——鲍里斯·帕斯捷尔纳克，《日瓦戈先生》

在生活的希望与恐惧之前不能确定，会使人痛苦；可是，如果我们仍希望活下去而无需神话故事的慰藉支持，那么，我们就必须忍受这种不确定性。

——伯特兰·罗素《西方哲学史》

我们不应该要求任何人在每一件事上为人类价值增色，能有几件事情做到，就是我们的全部要求。

——伯特兰·罗素《论记忆肖像的圈套》

不要害怕观点古怪，因为，现在每一个已被人们接受的观点曾经都十分古怪。

事实上，没有一种观点需要用热情来捍卫。

坚持认为 $7\times8=56$ 并不需要热情，因为已知它就是这样。只有在称赞一种存在疑问或可被证明为错误的观点时，热情才是必需的。

——伏尔泰，由伯特兰·罗素引用

其他关于道德的箴言

我们并非仅为自己而生。

——西塞罗

“假如我是你的话”是个基本的道德概念。

——菲利普·汤因比，《观察者》

不要忘了去款待陌生人，因为有些人正因此而不知不觉地款待了大使。

——《希伯来书》

伟大的上帝啊，我们怎么可能永远正确而别人永远错误呢？

——孟德斯鸠，《笔记》

孟德斯鸠坚信仅在无知奴役了人们时，“知识使人有教养”。景色如画的事物是其他事物的不幸。

——惠威尔

没有自由，就不可能有德行。奴役毁灭了最高的价值。永远不要屈服于有权势的人。

——F.A.考夫曼

首先，他们来抓犹太人，我不敢大胆说话——因为我不是个犹太人。接着，他们来抓共产主义者，我不敢大胆说话——因为我不是共产主义者。然后，他们又来抓工会会员，我不敢大胆说话——因为我不是工会会员。最后，他们来抓我了——也没有人留下来为我大胆说话。

——帕斯特·尼默勒

关于历史和政治

凡是谈判有困难的，是不可能指望能够一蹴而就的；相反，应该认真筹划，然后一步一个脚印地达到目的。

——弗朗西斯·培根，《论文47，论谈判》

国家，就像人们一样，它们的性质各不相同。因心情，因环境，因其他国家对待它的方式而有变化。

——马克斯·佩鲁茨

每一件事往往是靠理性，而不是靠这件事的真实利益决定的。

——梅纳德·凯恩斯论劳埃德·乔治

上帝并未宽恕人的罪恶，宽恕人的罪恶的是人类转嫁罪责的欲望。

——巴巴拉·塔奇曼，《罪恶进行曲》

自由主义仍然保留了社会可敬的原则：怀疑主义、好奇心、对个人和个性的爱护、内在的良知。

——马尔科姆·布拉德伯里，《独立》

识人，最好观其行。

——马克斯·佩鲁茨

关于文学

作家的任务是“用人类精神做材料制造出

以前并不存在的事物”。

——威廉·福克纳，诺贝尔得奖演讲

天才就像造币大师，他能将皇帝的头像刻在金质王冠上，也能将它印在铜币上。

——维克多·雨果

作家必须不断修习，因为“读者就站在你肩上”。

——罗伯特·格雷夫斯

没人能靠宣扬他人的弱点而获得力量。

——《纽约人》

将自己束缚于一些体系的人无法掌握全部真理，他们试图抓住的只是真理的尾巴；体系好似真理的尾巴，但真理却像蜥蜴：它将尾巴留在你的手中，自己却逃之夭夭，它知道一条新尾巴很快就会长出来。

——屠格涅夫对托尔斯泰说

四、相同与不同：霍夫曼的化学故事

化学对许多人来说，就像一团迷雾。1981 年诺贝尔化学奖得主犹太人罗德·霍夫曼所著《相同与不同》为我们驱散了这团迷雾。

化学是物理学和生物学的交叉点。它研究分子的世界。这是个中间的世界，既不是无限大，也不是无限小。这个世界很复杂，也充满变幻。霍夫曼为我们揭开了这个世界的复杂性——相同与不同。

霍夫曼，当代最渊博和仁慈的化学家之一，同时也是位文学炼金家。在这部充满智慧和创造性的书中，我们看到了各个学科领域内渗透着的核心问题：分化和个性化的属性；合成对分析的领先；还原主义的局限；在“运气和逻辑”间理论和假说的建立，更多的是创造而不是发现；学术刊物文章的人为性。在这部超凡的著作中，霍夫曼娓娓道来，为我们认真而细致地讲述着一个个有趣的化学故事……

1937 年 7 月 18 日，霍夫曼出生于波兰小镇佐洛乔夫的一个充满欢乐的犹太家庭。他的父亲是一位乐于助人的工程师，他的母亲则是一位训练有素的学校教师。1939 年二战爆发后，他的家乡先是由苏联占领着，1941 年后，黑暗开始降临，纳粹开始了对波兰犹太人的灭绝。霍夫曼一家先是来到犹太人居住区，然后又到了劳动营。在余下的战乱岁月中，霍夫曼和母亲被父亲偷偷送出营地，并被一位好心的乌克兰人藏在一座校舍的阁楼中而幸免于难。霍夫曼的父亲则一直留在劳动营，并因策划起义未遂而惨遭纳粹杀害。二战结束后，霍夫曼及其母亲和善良的继父，辗转波兰、捷克斯洛伐克、奥地利和德国慕尼黑，于 1949 年终于定居美国。英语是霍夫曼精通的第 6 种语言。

1962 年，霍夫曼获得了哈佛大学物理学博士学位，成为普斯科和戈特曼的第一位哈佛博士，并由哈佛大学研究协会向他提供了初级奖学金，从而有时间将自己的研究方向转向有机化学。毕业后，他到了康奈尔大学继续他的研究。1968 年，他被提升为物理学教授，1974 年成为纽曼物理学教授。

霍夫曼的研究兴趣集中于稳定分子和不稳定分子的电子结构，以及反应中过渡态的电子结构。他将各种计算方法，半经验的、非经验的，以及定性的论证用到中等大小的无机和有机分子的结构和反应能上。他的第一个主要贡献是开发了扩展休克尔理论，这种分子轨道的图式可以对分子的 σ 和 π 电子结构做计算，并能合理预言分子的构象和简单的势能面。这些计算对于人们重新认识 σ 电子及其性质非常重要。他的第二个贡献是对有机反应中过渡态和中间产物的电子结构的双路考察。后来，他和伍德沃德把简单但有效的对称性和成键理论用到协同反应的分析中去，成为现代有机化学和量子化学的重要成就之一，被称为著名的“伍德沃德—霍夫曼规则”，推动了生命科学的研究和人工合成药物的应用。1981 年他获得了诺贝尔奖后，又开始了对无机和有机分子的结构和反应性研究。

在研究之余，霍夫曼于 20 世纪 70 年代就开始了诗歌生涯，并先后出版了两本诗集，还于 1988 年获得了一次培格蒙文学奖。霍夫曼认为，语言在自然科学中是重要的，通过诗歌这一语言载体，既可以洞察周围的世界，又可以倾诉对它的感受。科学的语言是一种受控制的语言，它的词语用来描述那些似乎用言语无法描述的事物——方程、化学结构等。词语并不能意会它们代表的一切，可是它却是我们所拥有的用以描述经验的一切。由于是一种处于矛盾下的自然语言，所以科学的语言本来就是富于诗意的。科学中充满了大量的比喻。激情以物的形态出现，并且更有意义的，是物显现出灵魂中的情景。诗歌不论在何方，或在深沉的黑暗中，都将翱翔在我们要揭示和创造的世界里。

正是以这样的一种理念和心态，霍夫曼为我们讲述了分子的同一性问题、豉虫、同分异构现象、分子模拟、化学中的魔法——催化剂、三种效力、羧肽酶、泰尔紫、大青和靛青，以及沙里利综合征等纯化学问题，以诗一样的语言，为我们非常生动地娓娓道来。除此而外，他还写了《科学家的社会责任》《环境的忧虑》《化学的平民化性质》《化学、教育和民主》《反柏拉图：科学家或工程师都不应当统治这个世界》等一系列充满责任感、道德感、思辨性、批判性和现实性的人文随笔，为我们打开他的内心世界，让我们大开眼界。

> 肯定，你从大夫那儿想要的，不仅是化学药品，还需要关心和同情。我想要的也不只是放心和对垃圾焚烧炉排放化学品的监测，我还要满意，还要对我家环境真正的关心，我希望有一种更好的焚烧方法……自然界中的分子离我们其实并不遥远，药物或污染物的分子，随时都可能在我们身上发挥作用，好的或坏的。
>
> 当人们对一切麻木时，就不会再问起关于

化学物质利害并存的双重性问题——“它能帮助我们吗？”“它能伤害我们吗？”……化学家有责任告诉人类：“我怎么办？”“我所有的是什么？”“它是怎样发生的？”“如果需要，我如何去辨认它们？”“它有价值吗？”

我们已经看到，我们的发明带来了什么样的后果：大气臭氧层变化，水污染、水变酸，苹果上的残药，塑像在空气中被粉蚀……我们有充分正当的理由去唤醒我们之中的环境主义者……我不太忧虑科盲，真正使我焦虑的是普遍的“化学盲”。这是教育的失误。化学课的目的，是激发人的兴趣与好奇心，要针对非理科学生，针对有见识的公民，而不是针对专业人才。

相同与不同，同一和欺诈，好与坏，共享与独霸，危险与安全，超越与障碍……这一系列矛盾构成了人类文明的矛盾，同时也构成了化学家和人类的“物质与精神”的链条。霍夫曼为我们搭起了沟通的桥梁。

五、终生的理想主义者：缪勒[1]

R. 道金斯在《自私的基因》一书中写道："在我们这颗星球上，人人了解的生物体并不一定永恒存在，可是在这世界上，不管在哪里，唯有一样东西肯定永恒存在，能够使生命产生、进化，它就是基因这个不朽的复制者！"因此，诺贝尔生理学和医学奖，不仅研究基因这个人类不朽的复制者，而且奖励那些保障和提高人类健康和生命质量的重大医学成果。

作为第一个证明接触或暴露于 X 射线辐射可以在生物体内引起基因突变的学者，缪勒以诺贝尔奖获得者而闻名于世。他又是一个在科学界公开和私下都有争议的对象。这是因为他的主张既受到了广泛的赞扬和尊重，又受到了藐视、不信任和歪曲。

赫尔曼·缪勒的母亲弗朗西丝·莱昂斯的先辈是葡萄牙—西班牙的犹太人，后来移居英国。这个家族可以

---

① [美] 埃洛夫·阿克塞尔·卡尔逊：《基因·辐射·社会——H.J. 缪勒传》，易凡译，东方出版中心 2002 年版。

说相当开放，曾有人违犯戒律同天主教徒通婚，甚至还有一名成员成了罗马天主教的主教，一名成员成了英国的侯爵。缪勒的爷爷不是犹太人，是一位很有天赋的雕塑师，他的作品曾在巴黎的世界博览会上获得一块奖牌。本来，缪勒只有不多的犹太血统，他们家族的许多人根本就不承认自己的犹太血统。但非常奇怪的是，缪勒是这个家族唯一一个承认自己有犹太血统的人。他曾写过一份自传提纲，认为“莱昂斯家是一个有部分英国犹太人血统的家族”，而且断言，他处在“家族两方面传统的对立碰撞中——英国对德国，犹太教对非犹太教——并且这一对立碰撞在不断加剧”，这主要是对反犹主义的一种反抗，使他故意张扬自己的犹太血统。正如他的姐姐艾达所说，他是“为了站在他的受迫害的朋友一边”。艾达不愿意接受缪勒这种做法，而且认为他之所以很难在20世纪40年代找到一个固定的职位，就是因为他自称有犹太血统：

> 我真吃惊，当我听到你……你认为你是或者曾经被认为是美国犹太人……我们特别幸运的是社会上没有人认为我们家的父方或母方有一个祖先是犹太人，除了现在你自己这样说。这是社会的现实观念，你知道别的都是废

话……我们的父亲同母亲结婚时没有什么顾忌，但是他们肯定都没有打算让我们有什么犹太血统；如果他们知道世界上将要发生什么事情，他们更加不会这样做。所以我们为什么要去自找这个不必要的可怕的社会偏见带来的麻烦，使自己遭受种种偏见？我真不理解。①

艾达的担心并非没有道理。几年之后，1940年，缪勒从欧洲回到美国，想要在东海岸的一所大学找一个固定的学术职务时，他知道麻烦在于这所大学的校长是一个著名的反犹主义者。缪勒对这种偏见十分恼火："我没有想到，在这个国家里居然也同纳粹德国一样要问别人父母双方的祖先，要肯定没有一滴犹太人的血，或者要把少数人排除出去。不管怎么说，我是少数人之一，不论这说明什么。"②

赫尔曼·缪勒于1890年12月21日出生于美国曼哈顿一个德国爱尔兰居民区。据缪勒回忆，他父亲从小就给他灌输许多观点，使他具有阶级意识、公民思想和革命观念，并经常引导他接触有关大自然的科学观点。

---

①［美］埃洛夫·阿克塞尔·卡尔逊：《基因·辐射·社会——H.J.缪勒传》，易凡译，东方出版中心2002年版，第12页。

② H.J.Muller to E. sutton, December13, 1944, Lilly Library.

3 岁的时候，他就开始采集动植物的标本，并经常将一些昆虫和小动物带回家喂养并观察它们的习性。6 岁的时候，他就想当一个天文学家……大约 8 岁的时候，他父亲带他到美国自然史博物馆去，他就通过陈列在那里的一系列简单的化石马的马足标本看明白，生物和生物的器官怎样通过偶然的事件和自然选择发生进化。缪勒的母亲虽然不属于那种拥有科学型头脑的人，但却是一个非常活泼好动的人，朝气蓬勃而且勤奋，经常率领全家到户外活动。不仅如此，缪勒还对天文学感兴趣，读了许多卡通冒险小书。在缪勒 7 岁时，他就开始向邻居的一个小女孩解释天体的大小和距离。缪勒 9 岁的时候，父亲因脑中风突然死亡，面对这一场突如其来的灾难，他母亲非常坚强，不仅没有混同于普通妇女，而且经常带着孩子到大自然中游玩和读书。因此，缪勒在学校中的学习成绩一直很优秀，除了喜欢科学讨论外，他还是一名绘画的天才。缪勒的作文也是一流的，12 岁就开始写“日记和记事本”，其中有 265 页记录“笑话和谜语”，若干短故事，还有科学札记、政治卡通和许多图画和诗歌。9 岁到 16 岁时，他就参加一所神学教堂的主日学校，他很早就成为一名泛神论者，中学毕业时，他的好学精神和吸收新知识的能力十分突出，因而深受老师和同学们的喜爱，并作为毕业生代表致毕业典礼告别词。他演讲的题目是："事业和政治都需要更高尚的理想"。

1907 年，缪勒考入哥伦比亚大学生物系，大学期间他读过当时的一位著名生理学家 R.H. 洛克写的一本书《遗传、变异和进化》，从此深受启发，立志攻读遗传学。1909 年，他还在大学里组建了"大学生生物俱乐部"，这个俱乐部的成员后来有几位成了杰出的生物学家。1912 年，缪勒进入了摩尔根实验室，并于 1916 年获得了博士学位。从此以后，他就开始了基因和性状的复杂关系的研究，并且阐明了单个基因的显著作用。缪勒的重要研究从突变开始。

突变是遗传物质的一种可遗传变化，由此能够引起形态和生理的双重可遗传变异。突变有两大类：染色体的畸变和基因本身的变化。一般情况下基因是稳定的，很少发生突变。在 1921 年到 1932 年间，缪勒任教于得克萨斯大学，并于 1925 年就成为教授。这期间，他主要研究基因的突变频率。他曾用镭和 X 射线做研究，用果蝇做标本。1927 年，缪勒在《科学》杂志发表了《基因和人工蜕变》一文，公开阐述了诱发突变的新理论。这使缪勒在辐射遗传研究方面名声大振，成为国际生物学界的知名学者了。

在科研以外，缪勒还积极参与其他社会活动。1932 年后，他去了美国纽约，并开始严厉批评美国的优生活动。之前，他还参与了一份由共产党左翼团体和国际学生联盟主办的报纸《火花》，并被联邦调查局告到校长那里，指控他参与非法的校园活动，幸亏他是该校最优秀的教授之一。

在1932年的美国优生学大会举办前夕，缪勒向大会递交了自己的文章，原定1个小时的演讲最后被压缩成10分钟，对此缪勒坚决予以谴责，并坚持自己“有权利让大会听到自己的意见……不管我的意见是否正确，参加大会的人自己能够作出判断”[①]。最终他的演讲还是使许多人十分难堪。他在8月23日的演讲中指出，“遗传的价值实际上在不断地变化，没有一条绝对的界限”。他谴责在还不能真正了解一个人的遗传结构是怎样运转的时候，就企图使用优生法。“我们必须承认，现在的情况是经济力量压倒了优生，社会引导着人类的进化……儿童不是有利可图的投资，他们不仅消耗大，红利没把握，还可能贬值，实际上又不能转让，他们又不能很快成熟。”缪勒指出，同样重要的是环境的质量对智力有深刻的影响，他不仅批评了流行的优生学观点，而且还呼唤着一个新的社会秩序。“只有对我们的经济系统（制度）进行彻底的革命，才能使我们处于可以正确作出判断的地位。从真正的社会立场出发，分析一个人最有价

① H.J.Muller to O. Mohr, June 22, 1932, Lilly Library.

值的品质是什么，是什么东西使人类在与自然的斗争中更加有力量、更加快乐，使全人类的生活更加美好。”①缪勒的观点在社会上迅速传播，第三届国际优生学大会被迫取消。缪勒也一下子成为有争议的新闻人物。

当然，缪勒最感兴趣的还是棒眼显性突变，这一研究使他对基因和染色体问题的研究取得长足进步，并为许多遗传学家所认同。但他的观点和不流畅的表述并不能为摩尔根理解，摩尔根虽然费尽心机，却徒劳无功，最后摩尔根向同事们道出了他最大的担心：“缪勒一定在什么地方出了毛病？”缪勒确实出了毛病，这一年是他身心均受伤害的一年，婚姻关系严重恶化，不仅因《火花》事件损害了他在得克萨斯的形象，还因对优生学的攻击得罪了一大批人，尤其是妻子同他分居，使他萎靡不振。因此，他决定离开美国，他觉得这个国家似乎正在沉没，他要到柏林施展自己的才华并寻找符合人类理想的公正世界。

1932 年 9 月 5 日，缪勒乘坐一艘轮船离开纽约，也许当时他没有想到，在今后的 8 年中，他将在欧洲大陆上漂泊，在 5 个不同国家进行研究和写作。虽然离去时，他充满烦恼，但此后在德国柏林威廉大帝脑研究所工作

① [美] 埃洛夫·阿克塞尔·卡尔逊：《基因·辐射·社会——H.J. 缪勒传》，易凡译，东方出版中心 2002 年版，第 190 页。

的一段时期里他却很开心，除了可以更加深入地了解基因和生命的本质，他还可以经常与一些著名物理学家会面。1933 年春天，他在哥本哈根会晤了尼尔斯·玻尔。

缪勒去德国的时候，他还没有认真看待希特勒，由于受到德国共产党普遍看法的影响，他还不了解希特勒的危险性。缪勒在给朋友的一封信中写道："希特勒只是一个赌徒，靠宣讲一种掺杂了国家主义的假冒社会主义来吸引他的追随者。一旦这些追随者识破了骗局，群众就会支持德国共产党。[①]"德国共产党相信，他们可以在 15 年之内控制德国，他们预测共产主义政府过一段时间之后也要代表美国。大萧条已经证明了资本主义必将崩溃，而希特勒也将证明国家社会主义的失败。因此，在德国他还忙于修正自己对优生学的解释。他打算把他对美国优生运动的谴责，扩充成为社会主义优生计划的基础。但 1933 年 3 月以后发生的事却是缪勒始料未及的，希特勒上台建立了纳粹恐怖政权，开始公开镇压共产党人和社会主义者，接着又开始对犹太人实行有组织的逮捕和大屠杀，脑研究所所长因拒绝解雇和告发任何犹太人而遭到残酷迫害。缪勒侥幸地躲在一个雨棚里躲过了攻击，并从侧门逃走，但目睹了袭击事件。缪

① H.J.Muller to E. Altenburg November10, 1932, Lilly Library.

勒由于自己的犹太血统，被迫离开了德国，并逃跑到向往已久的共产主义国家——苏联。

1933年11月16日，为了列宁格勒的工作，缪勒托运了1万只玻璃烧瓶和1000只瓶子以保证他的实验室一旦建立起来立即可以投入大规模的实验。除了在一只衣箱里塞满了果蝇烧瓶和制果蝇食物的仪器之外，他还带了两台显微镜。他的个人财产包括一辆1932年的八缸福特车、两部自行车、几大箱衣服、书、复印件和家用器具[①]。瓦维洛夫是苏联科学界最有权力的人物之一，缪勒正是接受了瓦维洛夫的邀请，瓦维洛夫答应让他在自己列宁格勒的应用植物研究所的遗传实验室担任主任，并保证提供"一个肯合作的助手班子[②]"。这对缪勒来说是一个梦寐以求的机会，他觉得列宁格勒之行是他美好明天的又一开始。

缪勒到达苏联的第一年在不断地被邀请和访问中度过，他在苏联的许多地方做了大量的关于遗传学和进化、突变和遗传学的社会方面的演讲。他演讲的目的是用辩证唯物主义思想和马克思主义哲学的观点，公开否定自己的导师摩尔根和许多英美遗传学家，并希望借此能清

---

① H.J.Muller, undated list of personal effects, Lilly Library.

② [美] 埃洛夫·阿克塞尔·卡尔逊：《基因·辐射·社会——H.J.缪勒传》，易凡泽，东方出版中心2007年版，第201页。

除遗传学界把基因和染色体学说同唯心论和形而上学联系起来的观念。他还要扫除美国的优生运动、希特勒的种族主义，以及形形色色的社会达尔文主义使遗传学蒙受的污垢。缪勒在攻击拉马克主义时用词谨慎，他希望这样可以把“摩尔根主义”从现代遗传学的宝座上拉下来。他还强调了马克思主义在摩尔根的学生们的工作动机中所起的作用：“确实有一种强烈的马克思主义哲学思想的影响，所起的作用是难以估量的……有一部分年轻的果蝇工作者做过社会阶层的联络工作，有阶级觉悟，吸收了马克思主义、唯物主义观点……”如果听众接受了这种分析，那么染色体理论和基因的理论，都是唯物论的概念和产物，是完全符合马克思主义的。剩下来的问题，就是如何把它们应用于人类和社会。在这里，缪勒踏进了一个危险的雷区：列宁曾经警告过，他反对把生物学模型用于革命和阶级斗争。为了绕开这点，缪勒引用了马克思的格言：“哲学家的任务是解释这个世界，我们的任务是改造这个世界。”

正在缪勒在事业上春风得意的时候，他的婚姻却急转直下，在分居近一年后，1935 年 5 月 25 日他与妻子正式离婚。除此而外，到 1936 年，苏联开始了对“资产阶级的”遗传学的围攻，许多坚持遗传学理论的科学家开始向当权者忏悔，这使缪勒非常痛苦。李森科“学派”势力逐渐强大，并成了党同伐异的“学阀”，学术平等争论的气氛完全被政治清洗所代替。在 1936 年 12 月 22 ～ 23 日，苏联科学院在莫斯科召开了全苏农业科学大会，李森科在大会上公开指责“当前流行的遗传学是向达尔文主义的一种堕落”，宣扬他所提倡的“是用环境训练生物物种的一条富有成果的道路”。缪勒不再沉默，用强有力的实验资料证实基因学说的机理和强大的生命力，并全盘否定了李森科学说。缪勒一身正气，在权势面前坚决不低头，捍卫真理，体现了一个科学家的良知。

不论缪勒对呼吁苏维埃的物理学家来参加遗传学的实验研究有过多少希望，这一切都被 1936 年发生的事件破坏了。这年的 12 月底，缪勒知道他再也不可能在苏联进行他的工作了。他可以谴责李森科，但是他当时并不知道，指使李森科攻击遗传学的人正是斯大林同志。最令缪勒尴尬的是，他的实验室里共有 15 位科学家，其中有 4 名共产党员，这些人是科学能力最差的人，但科学院的秘书却催促他撤换其他人。这对缪勒来说是一种苦涩的讽刺。他之所以离开得克萨斯，是为了逃避美国社会的不公平，它的种族主义和阶级斗争；到了柏林后，却看到了希特勒的恐怖和疯狂的反犹主义；而在他曾经无限憧憬的苏联，他又不得不亲眼目睹同事们遭逮捕、失踪和被秘密处决的下场。缪勒还发觉，他必须保持沉默，否则会有更多的同事成为受迫害的牺牲品。无奈之下，他于1937年3月，以报名参加西班牙国际纵队反佛朗哥法西斯主义为理由，离开了苏联，去了西班牙。

二战中，他又辗转到了英国爱丁堡大学继续他的遗传学研究。二战爆发后，由于研究经费短缺，他决定结束8年的流浪生涯，返回美国。在他由于犹太血统而几经挫折找不到工作的艰难困苦之时，他却于1946年意外地获得了诺贝尔生理学和医学奖。除了最高的荣誉以外，3.2万美元的奖金让他终于还清了旧债，并不再为生计发愁。

与此同时，他的理想主义情结越来越浓，他不仅担忧核辐射给人类带来的危险，而且对民主体制和专制独裁有了刻骨铭心的感受，并逐渐成为一名和平和自由的战士。二战结束后，冷战气氛的增强，使西方科学家处于一种两难的困境：怎样能够用一种不包括原子武器在内的有效的军事威慑力量，使世界不落入共产主义手中呢？疯狂的核竞争、朝鲜战争，以及苏联和李森科主义对遗传学日甚一日的破坏，使许多科学家很难站出来发表自己独立的政治见解。但缪勒毫不畏惧，1948年他宣称："这个时候我确信，专制独裁是民主制度的主要敌人。

因为如果我们在专制独裁面前退让一步，我们很快就要在一切事情上退让”。[①]然而反对专制独裁，不能用限制和压迫言论自由和个人信仰的检查制度那一套专制主义的方法：

> 如果我们在言论自由方面实行检查制度，我们就开始走下坡路了。这将使我们越来越无知、迷信和压抑。因此，最重要的事情就是尽可能深入地研究和了解我们所不同意、不赞成的意识形态的立场，而不是回避讨论这些问题……[②]

1950年7月中旬，缪勒参加了一个有许多为文化和学术自由而斗争的著名人士参加的国际会议。他宣称：他反对任何专制主义，不论它是东方的还是西方的，他公开鞭挞李森科运动。即令这意味着有可能被绑架和袭击，他也毫不退缩，因为其时已经有数千人在西柏林文化自由大会上被绑架。第二年，他以文化自由委员会代表的身份访问了日本和印度，并通过一封公开信宣称：

---

① H.J.Muller to C.J.Gamble, January 19, 1948, Lilly Library.

② H.J. Muller to K.W.Hogel, octobert, 1954, Lilly Library.

“科学家面对他的专业同社会的关系和应用保持清醒的头脑，要对他的专业和相关领域中的发明的有益应用方面施加影响。因此他应该帮助教育群众，教育公众舆论。在更广的意义上说，这也就意味着，首先要教育他自己。他不仅应当关心他的科学，同时也要关心今天人类面临的重大问题。[①]”在印度的文化自由大会上，他指出，科学的自由今天正在被一些人滥用，结果引起了自相残杀。科学的本质是自由，自由的本质是推动人类协调进步和走向高尚的途径。[②]

1953 年 3 月初的一天，缪勒刚到办公室，就有美国联邦调查局的两位特工找他：“很抱歉打扰您，我们有点重要事情。”“今天任何事情都不会使我烦恼，”缪勒回答，“早上我听到了斯大林的死讯。”其时，美国的麦卡锡主义甚嚣尘上，这次是非美活动委员会给他发传票，询问他在苏联的情况和与共产党的关系。其实在此之前，他也曾被　所大学邀请过，去宣誓没有参加过共产党和其他颠覆性组织，并保证在教室里对他们的观点不加以滥用。缪勒对此行为很反感：“我觉得在盲目和强迫下宣誓，是一种对自由的压制，并侵犯个人的尊严，尽管

① H.J. Muller Message to university students studying science, Kagaku Asahill, no, 6(1951)：28 ~ 29.

② [美] 埃洛夫·阿克塞尔·卡尔逊：《基因·辐射·社会——H.J. 缪勒传》，易凡译，东方出版中心 2007 年版，第 386 页。

我们大家经常宣誓……例如庆典、法庭、结婚时等。具体说，清除共产党思想，这是一种很愚蠢的方法，它很可能伤害的不是共产党的人……对抗他们宣传的最好办法，是让人知道他们的思想，然后用事实驳倒它。[①]”

但是，1955 年 7 月中旬，缪勒参加了一个许多诺贝尔奖获得者共同签名的曼瑙反战宣言，这个宣言体现了他反对单方面裁军，以及关于核战争辐射效应的许多观点。1955 年秋天，他参加了罗素组织的科学家反战讨论会，他认为没有必要夸大核武器试验的遗传效应，但要强调核武器用于战争的严重威胁。不久，他还参加了呼吁世界和平共处的普格沃什讨论会，并同没有参加该会的另一个诺贝尔奖获得者鲍林征集几百名科学家，在一个呼吁停止核试验的宣言上签名，因为他和鲍林共同关心核试验产生的放射性尘埃的危害。东西方最后同意禁止一切大气层、海洋和外层空间核试验的协议，这是经过此后 5 年探索获得的成果。所有为此付出劳动的人们都为世界的未来和平出了巨大贡献，包括缪勒在内。

此后，缪勒在他的新遗传学和优生学研究中，始终贯彻了一种人道主义的精神，他的人道主义吸收了一些

① [美] 埃洛夫·阿克塞尔·卡尔逊：《基因·辐射·社会——H.J. 缪勒传》，易凡译，东方出版中心 2007 年版，第 389 ~ 390 页。缪勒最终拒绝了参加忠诚宣誓这一活动。

进化论的观点。他认为，人的价值来源于人的合作行为，正是集体活动才使人类的祖先得以生存下来。而这种集体主义的本质是一种“利他主义”。他先后担任过美国人道主义协会的主席，并积极参与国际人道主义者协会的活动，还于 1963 年被美国人道主义者协会推选为该年度的人道主义者。他的冒险精神和科学好奇心，以及严谨的治学态度和在课堂上与学生们围着桌子追跑着进行的平等讨论，构成了他独特的人格魅力。

1967 年 4 月 5 日，在经受了长期病痛折磨，个人要求安乐死而不得的情况下，缪勒利用自己清醒的时候选择了一条决定自己命运的道路：绝食而死。在他的病历记录中，饥饿对他的打击，要比他的病痛更加严重。这是他最后一个理智行动，同他一贯坚持的一样。

六、酶的情人：一位生物化学家的奥德赛

对于阿瑟·科恩伯格而言，酶是其一生挚爱和追求的对象，他坚信酶在细胞功能中的核心作用。他发现了30多种酶，如马铃薯核苷酸焦磷酸酶、磷脂酸合成酶、多磷酸合成酶、DNA聚合酶等。其中，由于在1955年发现了DNA聚合酶，他与奥乔亚（发现RNA聚合酶）共享1959年的诺贝尔生理学和医学奖。1967年，他合成了第一个具有生物功能的病毒ΦX174，为人类通过控制核苷酸来控制病毒和癌症创造了条件。

1918年3月3日，科恩伯格出生于美国纽约州布鲁克林。早在1900年，阿瑟的父母为了逃避东欧小镇上对犹太人的迫害，逃跑到美国。在欧洲的时候，阿瑟的父亲是一位农场管理者，在马背上度过了许多年。刚到美国，他在一个小工厂当了一名裁缝，用微薄的收入维持全家人的生活。经过多年的奋斗，才开了一家小五金店和家具店。大约9岁时，阿瑟帮着父亲招待客人和管

理存货，一家人在贫穷的边缘上挣扎着。阿瑟的父亲曾接受过有关《圣经》和意第绪语的训练，能讲好几种语言——意第绪语、希伯来语、英语、波兰语、俄语和德语，由于他把所有的精力都花在家庭上，所以没有机会表现其运用这些语言的能力。当艰苦的劳动拖垮了他的身体并使他的视网膜脱落时，阿瑟已离家上学去了。

阿瑟虽然成长在远离科学的环境中，但从小就是一个求知欲非常旺盛的学生。19 岁时，就获得了纽约市立大学的理学学士学位。在 1937 年大萧条时期，他没有更好的选择，只好在医学院校学了 4 年。在布鲁克林小学和林肯中学时，阿瑟跳了几级并提前 3 年毕业。在次纽约州评议员考试中，阿瑟取得了 100 分的成绩时，他的化学老师骄傲地笑了——这是他 20 多年的教学生涯中，自己的学生第一次取得满分。

在阿瑟的家庭和朋友圈子里，几乎没有人懂得科学。后来，他和同学在一起，讨论起小时候的爱好，阿瑟尴尬地说："我喜欢收集火柴盒封面和地铁站里的植物，我父亲为了增加我收集的品种，常常冒着危险穿过地铁为我采摘。[①]"其实，这就是他对童年最美好的记忆。等后来上了大学，他大部分周末和假期的时间都在家具店

① ［美］阿瑟 · 科恩伯格：《酶的情人》，崔学军等译，上海科学技术出版社 2004 年版，第 2 ~ 3 页。

里卖东西，几乎没有时间休息和娱乐。他一星期可以挣14美元，这是相当美的差事了，再加上每年100美元的奖学金，他很早就开始自立了。节俭的生活让他懂得生活的艰辛，因此，他的学习成绩一直很优秀，在全班30人中一般都名列榜首。进医学院上学和当一名医生，也是他从小的一大理想。

1941年的时候，阿瑟获得了罗彻斯特大学的医学博士学位，并在该校的斯特朗医学院实习了一年，然后在战争时期被派到海军做一名为500多人服务的军医。在进入美国国立研究院前，他一直从事临床工作，3年后，开始转向生物化学并从此致力于该领域的研究。

生物化学似乎相当枯燥和乏味。20世纪30年代的美国，研究组织、血液和尿液的成分主导着该领域。大分子和细胞的能量交换活动还未能揭晓，“酶”还未出现在当时的课程和教科书中。在病理学和细菌学等方面，疾病的介绍非常引人入胜，以至于阿瑟以为自己得了好几种病。但他的身体一直不好，经常胃痛，不能吃高脂肪的食物，他患上了轻度的黄疸。根据当时的医疗实践，应首选切除胆囊进行治疗。但阿瑟并不害怕，不仅没有做手术，而且寻找了另外7名患同样症状的学生进行临床比较，然后写成了一篇论文《由胆红素分泌测试揭示的在卡他性黄疸恢复者与正常医学生中的隐性肝病患者》，并刊登在1942年5月的《临床研究杂志》中。他对黄疸的研究源于他对自身问题的好奇，很快出了成果，并成了一名出色的内科医生。不久，他又将研究的目光对准了营养学，并加入了猎酶的队伍，成为真正的“酶的情人”。

什么样的化学物质使细胞和生物能够发挥其功能、生长并且繁殖？既不是碳水化合物——植物中的淀粉和动物体内的糖原，也不是储存的脂肪；既不是构成肌肉、结缔细胞和骨骼组织的结构蛋白质，亦非遗传物质DNA。尽管DNA威风八面，它也只指导构建组织蛋白质的蓝图。DNA本身是无生命的，它的语言冰冷而威严。真正赋予细胞生命和个性的是酶。它们控制着整个机体，哪怕仅仅一种酶功能异常都可能致命。对我们的生命而言，自然界中找不到任何像酶那样重要的其他物质，然而，人们对它的了解如此之少，只有少数科学家才真正欣赏它们。

酶是蛋白质，它能够使原本稳定的物质发生变化而自身保持不变。它们使糖、脂肪、蛋白质变得易于消化，接着又催化消化产物的合成，构建新的细胞。酶利用食物和阳光的能量催化无数的反应，正是这些反应使细胞之间，人与老鼠、健康和疾病产生区别。为什么一个细胞变成了骨细胞，另一个却变成了脑细胞？为什么这个人是健康的，而那个人却产生了肿瘤？因为我们对酶了解太少，这些问题暂时还得不到答案。[①]

酶究竟是什么？这些不起眼的小小化合物究竟怎样完成令人咋舌的工作？尽管阿瑟呕心沥血，仍然一波三折。1946 年，在阿瑟动身去圣路易斯之际，他们又开始大规模制备苹果酸酶的实验。几百只鸽子的肝脏成为他们的实验品，4 个人连续几星期得不到答案。当阿瑟把最后一瓶酶溶液倒入量筒，却不小心打翻了工作台上的玻璃瓶。玻璃瓶倒了，多米诺骨牌效应殃及了量筒，它碎了。所有的溶液都洒在了地板上，永远没有了。这使他们非常沮丧。第二天早上回到实验室，阿瑟瞥见了最后那一部分离心分离的上清液。上清液本应被他倒掉的，现在却留在了 −15℃的冰箱里。这个液体变得有点混浊，阿瑟决定收集这些液体并离心、溶解和分析它。上帝！这部分里含有大部分的活性酶，比他们先前最好的标本的纯度高几倍。这一步骤成为阿瑟论文的一部分。

1947 年，阿瑟担任了马里兰州伯赛斯德国立卫生研究院酶和代谢研究部主任。1951 年被提升为美国公共卫生组织的医学顾问。1953 ~ 1959 年任华盛顿大学医学

---

① ［美］阿瑟 · 科恩伯格：《酶的情人》，崔学军等译，上海科学技术出版社 2004 年版，第 40 ~ 41 页。

院微生物学系教授兼系主任。1959 年起在斯坦福大学生物化学系任教授，1959 ~ 1969 年任系主任。[①]

在人的一生中，只有少许时光是非常令人难以忘怀的。对于阿瑟来说，1959 年是他非常重要的一年。那年 5 月，他在苏联进行了一个月的漫长旅行；6 月，他家从圣路易斯搬到加利福尼亚，开始在斯坦福创建生物化学系；10 月，他与奥乔亚共同获得了诺贝尔奖，并于 12 月领奖后在欧洲短暂旅行，成为他一生中最美好的时光。但那一年也是他最痛苦的一年，他的父亲去世了。由于奥乔亚和阿瑟分别发现了酶法合成 RNA 和 DNA，两个人分享了诺贝尔奖。实际上，围绕 DNA 聚合酶的发现，阿瑟的妻子也做了极大的贡献，只不过他们的研究成果好像是被别人“抢劫了”，因为 RNA 和 DNA 是两个相互独立的发现，研究的背景并不相似。核酸是一类重要生物大分子化合物的总称，按其化学成分的不同分为两类：一类是含核糖，叫核糖核酸，简称 RNA；另一类是含脱氧核糖，叫脱氧核糖核酸，简称 DNA。一切生物，从动物、植物到微生物的细胞内都含有核酸；没有核酸就没有生命。生物体遗传信息的贮存、复制和表达都是靠核酸来进行的。DNA 是遗传的物质基础，

---

①杨建军、门里牟、王美红主编：《诺贝尔奖百年大典》（第三卷），内蒙古少年儿童出版社 2002 年版，第 177 页。

遗传信息就贮存在这一类核酸分子中。通过 DNA 的复制，生物体亲代的遗传信息就传给了子孙后代；RNA 则是表达遗传信息必不可少的中间物质。各种生物体的各种性状都是由核酸所具有的遗传信息决定的，通常把负责一项遗传任务的那一段核酸称为基因。这两大发现，对探索人类生命的奥秘有巨大帮助。

获诺贝尔奖没有改变阿瑟的生活，也没有打乱他的生活习惯。获奖那天下午，有人为他们举行了庆祝会，他和妻子都喝了香槟酒。由于必须接送一个上钢琴课的孩子，他们是最后到达会场的人之一。阿瑟在演讲和会议的旅行中，总是带着一个孩子在身边，他共有 3 个儿子。这些孩子经常在放学以后和周末跟他一起旅行或待在实验室里。大儿子罗杰 9 岁时，阿瑟问他圣诞节想要什么礼物，孩子回答说："在实验室里待一周。"罗杰后来经常辅导阿瑟的博士们如何提纯 DNA 聚合酶，最后罗杰考入了英国剑桥大学，专门研究染色体中 DNA 和有关蛋白质是如何形成的，成为斯坦福大学细胞生物学主任。二儿子汤姆从小就有音乐天分，8 岁开始学习大提琴，16 岁时师从一位有名的大提琴演奏家，并考入哥伦比亚大学学习文艺学和生物、化学，以及物理学。后来，由于左手食指的神经瘤，汤姆被迫放弃音乐，从事实验室工作。最后又分别在普林斯顿大学和剑桥大学的分子生物学实验室做博士后研究。汤姆后来成为洛杉矶加利福尼亚大学生物化学系和生物物理学系教授。阿瑟的小儿子肯在8岁时就开始接触生物化学。有一次讨论用什么酸去除牙斑时,他简明地建议用他唯一知道的“核酸”。曾经有一个夏天，肯跟随父亲研究细菌芽孢的形成，并学习了6个月。但他后来转向了建筑学,成了一名建筑师,他希望能够给父辈们设计出更明亮、更开放、更诱人的实验室来，使人们能够更加舒适地工作。阿瑟和夫人最大的感受是，完全信任自己的孩子，相信他们的智慧和能力。

1967年12月14日，斯坦福大学新闻处就阿瑟等人发表在《美国国家科学院院报》中的一篇论文召开记者招待会。那篇论文是《DNA的酶法合成：XXIV、合成具有感染性的ΦX174DNA》。对于许多记者来说，这仿佛是在试管中合成了病毒，极具新闻价值。但是，许多人搞不清楚DNA和病毒之间的区别。病毒作为致病因子引发了一些缺乏有效治疗措施的疾病，对于普通人来说，它比再复杂几千倍的受抗生素抑制的细菌更加可怕。于是许多人向阿瑟提问：“你们制造的DNA是‘活的分子’吗？究竟有何价值？”阿瑟开始努力解释：病毒DNA没有自己的生命，负载它的病毒也没有，它不能在细胞外生长和繁殖。然而，病毒DNA有潜在的生命力，一旦侵入细菌、植物或动物细胞，病毒 DNA 能够使宿主的复制机器复制几千个与它自己完全一样的病毒。纵观所有病毒，一些大而复杂的病毒与最简单的细胞相似。细胞是活的吗？没有人质疑这一点。然而，细胞一旦被剥夺了代谢器官，没有临近细胞的支持和营养，它们就无法继续生存。阿瑟试图解释清楚，在本质上，"碳原子→核苷酸→ DNA →病毒→细胞→人"，这整个上升之链节之中没有吹入生命气息的关键点。1968 年 1 月 4 日，一篇新闻报道抓住了阿瑟漏说的意义。它的标题是："1967 年最好的科学故事——制造生命"，副标题是："人类的第二次心脏移植"。

遗传化学和重组 DNA 取得辉煌成就的同时，也给人们带来了许多疑问：这个黄金时代从何开始？它属于谁？在基因猎手中，分子生物学家是主力。然而这些研究者出自哪个领域？是源自物理学、化学、生物学还是生物化学？

作为一名生物化学家，阿瑟认为，那些物理学和遗传学家及其拥戴者们，为分子生物的起源建立了功勋，却忽视了生物化学的重要贡献，生物化学源于有机化学、医学和农学，有 100 多年的历史，分子生物学的建立也有 50 年的历史。1974 年，阿瑟出版了专著《DNA 的合成》，阐述自己的许多观点。1980 年，新版的《DNA 复制》出版。由于科学发展的日新月异，阿瑟每年都不得不修订和补充自己的著作。阿瑟认为，科学的本质是探究那些小的、可回答的问题。科学家不是要获得整个事实，而是检验细小的、明确的、可以清晰区分的现象。科学是先前获得的知识的进一步扩展。医生必须治疗所有病人，而科学家要能立即辨认出他感兴趣的微不足道的细节，并一直为之奋斗。因为缺乏科学基础，医疗市场内充斥着许多有害的、无用的或因为缺乏坚实的科学基础而不能确实其价值的大众化产品或器械。

在新版的《酶的情人——一位生物化学家的奥德赛》一书中，阿瑟还写道，一些病毒是可以消灭的，天花病毒就被保存在实验室里。有朝一日，我们还要征服脊髓灰质炎病毒和其他病毒。然而，在人类历史中，更具摧毁性的"反犹主义病毒"却一直消灭不了。阿瑟是一名犹太人，从小生活在犹太圈子中，等他上到纽约城市学院读四年级后，"反犹主义病毒"爆发了，他申请的所有的大学都拒绝了他，与此同时，几乎他的所有同学，而且大多数是成绩优异者，均遭到了拒绝。可笑的是，紧靠纽约城市学院的哥伦比亚大学的内科和外科学院，一项留给纽约城市学院毕业生的奖学金却由于缺乏候选人而空缺了整整 9 年，这使阿瑟愤愤不平。最后他被允许考入罗切斯特医学院。44 人的班里，他是限额的 2 名犹太学生中的一名。令他痛心的是，他们学校的 200 名犹太学生中，除了 5 个人以外，大多遭到医学院的拒绝。

在罗切斯特，阿瑟第一次震惊地听到了反犹太主义的言论，而且他意识到，当他不在场时，这些言论是何其多！最糟糕的是，由于他的犹太血统，曾被该校剥夺了科研的机会，尽管他是全班成绩第一。20 世纪 60 年代，当罗切斯特大学的校长邀请他回母校担任医学院的院长时，他拒绝了，他对那段辛酸的往事不堪回首。其实，二战前学术界到处弥漫着反犹主义，罗切斯特如此，斯坦福如此，耶鲁也如此。在耶路大学出版社出版的《犹太人和耶鲁的历史》一书中，收录了大量有关限制招收犹太人的文献，描述了拒绝多样性和将某些人摒除在奖学金之外的氛围。到 1950 年，担任耶路大学医学院常务官员的 24 位教授中没有一位是犹太人，27 位正教授中只有一位是犹太人。后来有人说，那些投票任命这位犹太正教授为终身教授的人当时并不知道他是犹太人。今非昔比，犹太人已经在美国获得了自己应有的地位，阿瑟在自己的著作中感慨万分：

我的三个儿子和我的学生们难以相信这些与过去的不同。他们既不受脊髓灰质炎病毒的威胁，也不受反犹主义的胁迫。这两种经历当然明显不同。抑制脊髓灰质炎病毒依靠合理地培育疫苗。如果免疫力因病毒突变而严重下降，又可通过发展新的疫苗来加以抑制。然而，却没有疫苗针对反犹太主义病毒。我不能确信，大肆流行了许多世纪，最近又再次盛行，刚刚才平息的这种疾病将不会再次爆发。①

① ［美］阿瑟·科恩伯格：《酶的情人——一位生物化学家的奥德赛》，崔学军等译，上海科学技术出版社 2004 年版，第 347 ~ 349 页。该书是重组 DNA 革命中的先驱、生物化学系的创始人、诺贝尔奖得主、犹太人阿瑟·科恩伯格的自传性文集，记述了其献身于生物科学的历史过程，以及其在科学探索中的喜、怒、哀、乐和成功经验。一位作家在美国《自然》杂志评论道："科恩伯格是天才的作家，本书包含了睿智的语言和华美的词藻……《酶的情人》迷人、刺激、信息丰富，恰如其主人。我非常希望这本书能广泛传播，她将有助于公众的科普教育。"《新科学家》杂志写道："科恩伯格的书闪耀着对科学的热爱，让我们寄希望今后还会有像这样为我们提供知识、教诲和惊奇的书籍。"《芝加哥论坛报》写道："这本书充满智慧，谦逊地讲述了一位伟大科学家的生活。"

七、艾·辛格的魔盒[①]

“天地把存在过的一切都消灭殆尽，化为尘埃。唯有那些清醒时做梦的梦想家，透过稀疏的网唤回昔日的幻影。[②]”这是瑞典文学院常务秘书拉思·吉兰斯坦教授在1978年给艾·辛格的诺贝尔文学奖颁奖词中的第一句话。艾·辛格这位“伟大的寓言家和短篇小说大师”[③]，也被誉为“当代最会讲故事的小说大师”。正是他，写出了《傻瓜吉姆佩尔》和《市场街的斯宾诺莎》等短篇小说名篇，挽救了一种行将衰亡的古老文化，“保留了东欧犹太即将消失的传统”[④]，从而以“充满了激情的

---

① 本文同时作为《艾·辛格的魔盒——艾·辛格短篇小说精编》一书的序言，署名：亚伯拉。

② ［美］艾·巴·辛格：《魔术师·原野王》，陆煜泰等译，漓江出版社1992年版，第480页。

③ 博景川：《二十世纪美国小说史》，吉林教育出版社1996年版，第404页。

④ 王宁主编：《诺贝尔文学奖获奖作家谈创作》，北京大学出版社1987年版，第463页。

叙事艺术”，反映和描绘了“人类的普遍困境”[1]。

打开《艾·辛格的魔盒》，里面不仅储藏了非常神奇和扑朔迷离的故事，而且储藏了源于犹太神秘主义的大量童话、逸事、智慧、迷信和往昔数百年的记忆。传统与变革的碰撞，自由思想和来世与虔诚的较量，以及古老家族被时代的瓦解和分化，给艾·辛格的文字插上了翅膀，幻化出无穷的想象力和洞察力，创作了一个小天地和一群栩栩如生的人物。在这些奇特的作品中，妖魔鬼怪和幽灵，以及各种源于犹太大众信仰宝库或他自己想象的地狱和超自然的力量，成了激情和癫狂的化身，以及实实在在的力量。在《艾·辛格的魔盒》中，中世纪似乎又重新获得了生命，平庸与奇迹并存，现实与梦幻共生，昔日的血在悄悄流动，让人在阅读中难过但又不乏刺激和启示。他的作品中的许多角色以无可非议的资格步入了文学的伟人祠，那里生活着神话般的人物和永恒的伙伴，悲惨奇异的，有趣而动人的，命定而美妙的——各种既欣悦又痛苦，既卑劣又崇高的人[2]。

1904 年 7 月 14 日，艾萨克·巴什维斯·辛格出生于当时在沙俄统治下的波兰拉齐米思的一个犹太人的家

① 黄铁池:《当代美国小说研究》，学林出版社 2000 年版，第 228 页。

② 亚伯拉：《艾·辛格的魔盒——艾·辛格短篇小说精编》，中央编译出版社 2006 年版。

庭里，他的祖父和父亲都是犹太教的拉比[①]，属于狂热的哈西德虔信派[②]。辛格 4 岁时，全家迁往华沙，住在一个贫民区，使他有机会观察城市贫苦劳动人民的生活。辛格从小接受了正规的犹太教育，后来又被送到犹太神学院读书，学习希伯来文和意第绪语。他的外祖父也在波兰东部的卢布林省的一个小城比尔戈雷当拉比，辛格在那里曾住过三四年[③]。他还在专门培养拉比的经院里读过书，对犹太教的经典、宗教仪式、风格习惯、华沙及周边地区的犹太小镇的风光非常熟悉[④]。这种经历直接影响到他后来的生活创作道路。他后来回忆这段生活时写道：

> 那是一个非常守旧的村庄，多少年以来，那里就没有发生过多大变化。在那个村庄，几百年前的老传统仍然存在。村庄附近连铁路也

---

① 拉比，犹太教中主管宗教和世俗事物的长老，精通宗教和法律。拉比不是由宗教权力机构任命的，而是由犹太教教徒或犹太人社团推选的。犹太教没有统一的中央拉比院。

② 哈西德派，犹太教的一个派别，虔信律法，反对接受希腊文化，出现于基督教兴起之前。

③［美］艾·巴·辛格：《魔术师·原野王》，陆煜泰等译，漓江出版社 1992 年版，第 2 页。

④［美］艾·巴·辛格：《卢布林的魔术师冤家，一个爱情故事》，鹿金等译，上海译文出版社 2001 年版，第 1 页。

没有。假如没有那一段生活体验，我也许仍然可以写出《莫斯卡特一家》一书，但是却绝对写不出《撒旦在戈雷山》一书和其他许多短篇小说来。

正是他的出身和独特的经历，使他的创作之根深深地插入了故乡生活的土壤。他后来说："……我文学的金矿就是这条街[①]。我（在写作时）一趟又一趟故地重游，因为我感到那儿仍然有我没有用完的宝藏……一个作家必须要有根。作家的根扎得越深，他取得成就的能力就越大。"

艾·辛格的文学启蒙老师是比他大 11 岁的哥哥[②]，当时他和父亲经常在家里辩论。他哥哥振振有词地质问："您有什么真凭实据可以证明全能的上帝在西奈山向摩西显过灵？基督徒有他们的经典，伊斯兰教徒也有他们的经典，如果我们说他们的经典靠不住，那么我们怎么知道我们自己的经典是靠得住的呢？"他还说："住在犹太小镇上的那些居民是多么贫困和浅薄，他们除了《塔

① 指华沙的克鲁奇玛娜街，1908 年至 1917 年间，辛格曾随父母在此地住过。

② 艾·辛格的哥哥名叫伊斯雷尔·约瑟夫·辛格，著名的意第绪语小说家，是当时东欧当代派犹太文学运动的领导人之一。

木德》外什么也不学习。整个世界都在进步，而犹太人仍然生活在中世纪。”每一次辩论，艾萨克总是在一旁默默地听着，他哥哥的话深深地印在了他的心里。每一次辩论，他的父亲总是高声喊叫，大骂他哥哥不信宗教，是个邪恶的人。艾萨克认为，哥哥的话“句句都非常有力量”，而父亲的辱骂正好证明他理屈词穷。在他哥哥的影响下，辛格在12岁时就偷偷阅读了俄国作家果戈理的《死魂灵》和陀思妥耶夫斯基的《罪与罚》等小说，立志当一名作家，而放弃了做拉比，并于15岁时就开始用希伯来语写作①。17岁时，他开始用意第绪语写作；两年后，他为一个意第绪语文学刊物当校对。在华沙，他虽然过着艰苦的生活，却很早就发表了长篇小说《撒旦在戈雷山》，还早在1919年就翻译了另两位犹太作家托马斯·曼的《魔山》和雷马克的《西线无战事》，这为他后来的创作奠定了坚实的基础。

在当时的华沙及东欧，大部分犹太作家仍以写犹太人的生活和宗教传统为主，辛格决定成为一个写世俗题材为主的作家，意味着他和传统道路的决裂，也和他的家庭及文化信仰发生了冲突，这一决定使他的父母非常震惊。他们认为，去当一名世俗意第绪语作家无异于变成一名异教徒，尤其是他在步他哥哥的后

① 毛信德:《美国小说发展史》,浙江大学出版社 2004 年版,第 373 页。

尘，对父母来说是一场悲剧。但是，他也将父亲的许多忠告深深铭记在心里。父亲认为,即使是非宗教文学，也不应该歪曲现实，因为每一位作家真正的使命就是讲真话和传送真理。另外，你可以不信仰上帝或摩西，但凡事要讲伦理，大作家应该是大伦理家。歪曲现实的作家虽然会扩大他们的影响，但永远创造不了伟大的艺术品，而且总是将伦理弄得不伦不类[①]。令辛格的父母深感欣慰的是，他的弟弟后来终于圆了他父亲的梦，成了一名拉比。

1935 年,他哥哥从美国给他寄来了宣誓书。从此后，辛格移居美国，作为一名自由撰稿人为意第绪语报《犹太前进日报》写书评、散文和小说。1940 年，他娶了一名美国德裔犹太姑娘阿尔玛。1943 年，入美国籍。刚去美国时，由于身处异域，又不懂英语，辛格感到非常困惑和沮丧，大约有 10 年没有文学创作的热情，只能靠《犹太前进日报》上发表的小文章的微薄稿费维持生活，仍然过着穷困潦倒的生活。1945 年后，他用意第绪语创作的长篇小说《莫斯卡特一家》开始在《犹太前进日报》连载，3 年后，他走上了一条饮誉世界的创作之路，先后有《庄园》《地产》《卢布林的魔术师》等 8 部长篇小

① 转引自美国《林萨路》杂志编辑理查德·伯金采访辛格的《辛格访谈录》。

说和《市场街的斯宾诺莎》等 7 部短篇小说集，以及两个剧本、3 部回忆录、11 部儿童故事集，共 30 多部著作出版，直至获诺贝尔文学奖。

辛格的作品中，最具特色的是他的短篇小说。在他已发表的近 200 篇短篇小说中，大约可以分为两类：一类是描写生活在美国和波兰的讲意第绪语的犹太人，刻画了他们“独特环境中的独特性格”；另一类是描写幽灵世界，对上帝、撒旦、妖魔鬼怪、天堂、地狱、灵魂等作了离奇曲折和寓意深刻的描绘，充满着浪漫神秘色彩，堪称真正的“艾·辛格魔盒”。经常出现在他作品里的是拉比和罪人、知识分子和傻瓜、理性主义者和神秘主义者、企图拯救世界的人和宿命论者、虔诚的犹太教徒和渎神者，以及鬼怪幽灵等。所以有的评论家说：“通过辛格的故事，活人和幽灵方便地来往着。”他的儿童故事也写得相当成功，文笔隽永，富于哲理，曾经获得美国图书奖。

辛格的文学观与现代派作家的文学观迥然不同。他推崇景仰托尔斯泰、狄更斯、莫泊桑、福楼拜和契诃夫等现实主义大师，认为他们的作品才是真正优秀的文学。他反对乔伊斯等现代派作家的极端做法，认为他们的作品只是写给教授和学者们看的。此外，他在承认萨特、弗洛伊德等人的“天才”的同时，对他们的一些理论也表示了异议。在谈到小说创作时，辛格认为，小说必须叙述故事，而小说家则首先应是一位善于讲故事的大师；技巧固然重要，但作品的形式必须服从内容的需要，从而达到内容与形式的统一；优秀的作品即使经过一道翻译，仍可保持其艺术精华。他后来在和理查德·伯金的对话中说道：

> 文学不是由什么时候都把目光集注于自己的作家去充实的。而由只能把目光投向其他人的作家去充实。对于别人的所作所为领悟得越多，你对自己就了解得越多。现代派作家所做的实验全都是在形式方面做文章，跟他们所谓的形式，跟那些无聊的事打交道——对一首诗不要加标点啦，签名用大写字母还是用小写字母啦。这真是毫无价值。我对自己说，为什么他们不过问他们身在其中的人类的海洋呢？那里有无数的故事和奇珍异葩在流动啊！我正是在那里进行我的实验的——在那间人类的实验室里，不是在一张纸上。①

---

① 转引自美国《林萨路》杂志编辑理查德·伯金采访辛格的《辛格访谈录》。

辛格虽然是一位高产作家，但他的创作态度非常严肃，他曾经概括地指出，只有同时具备如下三个条件，他才开始讲述自己的故事：

（一）故事有悬念和情节，必须引人入胜。

（二）必须有激情写好这个故事，而且不写不行。

（三）必须确信，只有自己是唯一能够写好或写出这个故事的人。

他认为，故事必须让情节说话。如果一个小说家试图从心理学和社会学的观点去解说作品，会使作品短命。他主张写得明确、可读和有趣，不喜欢西方文坛中晦涩的意识流。在他看来，一个世纪中有一个乔伊斯、一个卡夫卡、一个普鲁斯特、一个福克纳就够了，不需要那么多的意识流作家。他说："我们这个时代的小说作家，如同其他任何时代的作家一样，广义上必须是精神娱乐的提供者，而不要光做社会及政治理想的说教者。枯燥无味的文选没有极乐天堂可言，而对那些不能激发兴趣、振奋精神，不能让读者感受到真正艺术所赋予的欢愉超脱氛围的冗长乏味的文学作品，也不能宽恕。[①]"因此，在他的小说中，无论是傻瓜吉姆佩尔，还是荡妇埃尔卡，无论是菲谢尔森博士，还是黑多比，无不是嬉笑怒骂、传神逼真的鲜活人物。正如他自己所言："如果作家设

---

① 引自辛格《诺贝尔文学奖受奖演说》。

法将生命注入人物之中，那么他们，连同作者本人，永远活着。”当有人问他：“为什么你描写了一个消失了的世界？”他回答说：“一个英雄，不管他今天是否活着，是否 20 年后才死去，或是他 20 年前、200 年前就死了，如果作家赋予他生命，他（或她）将是人类意识的一个活着的部分。”

八、与窒息相抗争：布罗茨基

约瑟夫·布罗茨基是一位俄裔美籍诗人，他于1940年5月24日出生在列宁格勒（今圣彼得堡），后流亡美国。作为俄国“白银时代”诗歌的传人，他将英、俄两种诗歌传统加以对接，取得了巨大成功，被誉为20世纪最伟大的诗人之一，并于1987年获得了诺贝尔文学奖。布罗茨基的一生，是漂泊不定的一生，是与窒息相抗争的一生。

布罗茨基的父亲出生在列宁格勒一个画店的老板家庭里，大学毕业后加入苏联海军，参加过卫国战争，战后在列宁格勒海军博物馆摄影部工作。由于他是犹太人，又一直没有入党，1950年被迫入伍，后来在列宁格勒港的一份小报馆做摄影记者。布罗茨基的母亲是一个拉脱维亚销售缝纫机商人的女儿，德语很好，战后曾在关押德国人的战俘营中当翻译，后来一直在市政发展委员会当办事员。布罗茨基一家的生活一直很拮据，从战后1940年到他1972年流亡境外，全家一直住在一个大约40平方米的房间，在房间里又用书架等物为布罗茨基隔出了“半间房”，面积只有 10 平方米，其中还设有父亲冲洗照片用的暗房。布罗茨基一家并不是革命后得到这套房子的首批居民[①]，他的父母在结婚前各有一处单间住房，结婚为了能够住在一起，才用这两处房子换来了这“一间半房子”[②]。空间虽然令人压抑，但他们家的气氛却非常和睦、温馨。在布罗茨基的印象中，母亲一直非常勤劳地操持家务，他小时候的许多外套，经常是用父亲的旧军装改制的。父亲一直是布罗茨基心中的“偶像”，他常常为有一个可以漂游世界的海军军官父亲而骄傲。14 岁时，他还报考了舰艇学院，由于是犹太人而未被录取。许多个黄昏，父亲拉着他的手在涅瓦河畔散步，为他讲述每一座建筑的风格和历史，这一切深深铭刻在他心灵的深处。[③]

---

① 这套房子曾是俄罗斯白银时代最伟大的作家和诗人梅列日科夫和吉皮乌斯夫妇的故居，在苏联“公有化”后分给了无产者，但居住面积大大缩小，原来的一套房子分给 4 家人 11 口人住，大家共用一个厨房、厕所和卫生间。

② 刘文飞：《布罗茨基传》，新世界出版社 2003 年版，第 15 页。关于这“一间半房子”，布罗茨基曾写过一篇散文，收入散文集《小于一》一书中。

③ 由于父母去世的时候，布罗茨基未能赶回来送终，没能听到他们的临终话语，这成了布罗茨基心中永远的痛。对父母的思念，后来甚至使他产生出幻觉，觉得他美国居所后院里的两只乌鸦，就是二老灵魂的化身。此外，布罗茨基所拥有的许多有关古希腊、罗马、埃及的知识，以及许多哲学常识，都是他父亲在涅瓦河畔散步时讲给他的。

卫国战争结束后的第二年，布罗茨基上了小学。在学校的图书馆里，布罗茨基遇到这样一件事，他被要求填写一份借书申请表，该表的第五栏是“民族”。据布罗茨基回忆说:“我当时 7 岁，清楚地知道自己是犹太人，但是我对管理员说我不知道。带着疑惑的喜悦，女管理员建议我回去问问父母。我再也没有回到那个图书馆去……我并不是以身为一个犹太人为耻……我们班上的每个人都知道我是犹太人……我仅仅是以俄语中的‘犹太人’一词为耻……我撒的第一个谎是与我的出身有关系的。”①

对自己“另类”身份的过早觉察，使布罗茨基敏锐地感受到来自周围环境的压迫感，同时也使他最终养成了面对社会和生活的怀疑精神和叛逆性格，包括他后来在孤独和沉思中诉诸诗歌的抗议方式，恐怕也和他的这一经历有关。在他读八年级的时候，终于做出了一个大胆的决定。正如他所言 :“抛开世界的命运不论，一个男孩同迫近的命运斗争的唯一方式，就是脱离轨道。这件事做起来很难，既是因为你的父母，也是因为你自己，你会因前途未卜而畏惧。最重要的是，这将使你与多数人产生差异。而你从吃母奶时就懂得，多数人总是正确

---

① [美] 布罗茨基 :《文明的孩子》，刘文飞等译，中央编译出版社 1999 年版，第 4 ～ 5 页。

的。这样做需要豁得出去，而我正是这样。于是我便在15岁时退了学，这与其说是一个有意识的选择，不如说是一次勇敢的反抗……因此，在一个冬天的早晨，并无明显的原因，我在一节课的半中间站起身来，走出学校的大门，完成了我闹剧般的退场，我当时清楚地知道，我再也不会回来了……在一个集权制的国家里，所有的房间全部一模一样；我原来学校的校长办公室，就是我在5年之后经常步入的那间审讯室的精确翻版……在那时，我已经学会喜欢撒谎，这种‘几乎是’的谎言能削尖真理的外衣：谎言开始之处，便是真理的终结。[①]”对于一个年仅15岁的孩子来说，这次出走是他的第一个自由的行动，在此之后，他出走的次数越来越频繁了。

后来，布罗茨基常常为这次退学而后悔，尤其是看到他的许多同学在那个体制中一帆风顺的时候。但是，他也常常很得意，自己在朝着相反的方向一帆风顺，而且懂得了许多别人不懂的东西。从此，他开始了自己漂泊不定的生活——15岁时，他开始在一家工厂里做铣工，在这里接触到的是真正的“无产者”——他们全部住在公寓里，一个房间住至少4个人，而且常常是三代同堂，他们轮流睡觉，善于喝酒，在公用厨房里或在清晨排队

① ［美］：布罗茨基：《文明的孩子》，刘文飞等译，中央编译出版社1999年版，第7～10页。

上公共厕所时相互吵架，往死里揍他们的老婆，看电视时脏话连篇，开群众批斗会时举起森林般的拳头。布罗茨基所在的工厂是一家兵工厂，专门生产大炮，有时也偶尔生产农用机械和空气压缩机，工厂没有名称，只有一个代号“671 信箱”[①]。

然而，在工厂里的工作，似乎并未在布鲁茨基的内心里培养起集体主义的精神和“无产阶级”的意识，反而使他感到了无意义的生活所带来的巨大恐惧，体验到了机器和那像机器一样运转的体制给人的强大压力。很快，布罗茨基又一次主动地、有意识地改变了自己的生活。在那家工厂旁边有一所医院，布罗茨基自幼就有当医生的愿望，因此，那家医院便成了他的一个新的生活目标。然而，专业知识的缺乏，使他无法拿起听诊器和手术刀，而只能到太平间去当一名守尸人，并顺带为死人整容。与医院相邻的，是俄国最著名的一所监狱。“我在工厂工作时，可以看到墙外的医院。当我在医院里切开、缝合尸体时，我又可以看到在十字监狱的庭院中放风时出来散步的犯人。有时，犯人们会设法把信扔到墙外，我就会把信捡起来，并邮寄出去。由于这种毗邻的地理位置，由于躯壳的封闭性，所有这些地点、工作、

---

① 刘洪一主编：《犹太名人传》（文学家卷），河南文艺出版社 2002 年版，第 501 页。

犯人、工人、卫兵和医生等，都相互混淆了，以至于我此时还弄不清，是我在回忆那在十字监狱的熨斗形院子中来回散步的人，还是我本人就在那儿散步。此外，那家工厂和那座监狱又大致建于同一时代，就外表而言它们没有什么区别；看上去，它们各自都像是对方的一个翅膀。”不过，布罗茨基当时可能还没有想到，后来他果然走进了监狱。[①]

对于布罗茨基来说，生活从未是一组界限清晰的转变过程，而是不断地感受到世界的压抑和非人道的种种细节。另一个使他终生难忘的情景是，二战后的 1945 年他与母亲在列宁格勒附近的铁路站上等车的一幕。其时，“人们像疯狂的昆虫一样围着运牛的火车；他们向车顶上爬去，相互又挤又压……不知为何，我的目光落在一个伤残的、装了一条木腿的秃顶老人身上，他挨个走过一节节车厢，一次次试图挤进车厢，但每一次都被已经站在车厢踏板上的人推了出来。火车开动了，老人用一条腿跳着跑起来。终于，他抓住了一节车厢上的门把手，然后我看到，车门口的一个女人提起一把水壶，将开水直接浇到老人的秃顶上。老人跌倒了——一千条

① 刘文飞：《布罗茨基传》，新世界出版社 2003 年版，第 26 ~ 27 页。

腿的布朗运动吞没了他，他从我的视线中消失了。[1]”这种残忍的事情又与发生在20年后的一些事情交织在一起，使布罗茨基感到窒息。有一批曾与德国占领军相勾结的人，即所谓的伪警被抓住了。报纸报道了此事，那是六七个老人。他们的头头自然名叫古列维奇或金斯堡——也就是说，是犹太人，而去想象一个犹太人与纳粹勾结，这无论如何也是不可思议的。他们全部被判了不同的刑。那位犹太人自然被判了极刑。据说，在行刑的那天早晨，他被带出牢房，当他被领向站有行刑队的监狱院子的时候，一位看守头目审他："喂，顺便问一句，你有什么最后要求啊？""最后的要求？"那人回答，"我不知道……我想撒尿……"那位看守头目则说道："好的，你马上就要撒尿了。"[2]

此后，布罗茨基浪迹于"人世间"，干过十几种工作，从司炉到实验室的工人，从搬运工到勘察队员。他在勘察队工作的时候，几乎走遍了苏联各地。在浪迹天涯、遍尝人生的酸甜苦辣的同时，他开始爱上了诗歌。诗歌是投向他生活的一束灿烂阳光，诗歌成了他生命的全部意义所在，尤其是他以手抄本形式悄悄流传的地下诗集，

① [美] 布罗茨基：《文明的孩子》，刘文飞等译，中央编译出版社1999年版，第15～16页。

② [美] 布罗茨基：《文明的孩子》，刘文飞等译，中央编译出版社1999年出版，第16页。

成了他后半生动荡生活的导火索。

1962 年，诗人叶夫盖尼·莱茵把布罗茨基介绍给了女诗人阿赫马托娃，在接下来的几年里，莱茵和布罗茨基常常去拜访阿赫马托娃。阿赫马托娃有两首诗是写给布罗茨基的，一首是《最后的玫瑰》，另一首是《我已经不再为自己哭泣……》。晚年的阿赫马托娃是俄国白银时代诗歌最后的旗手，身边聚集着众多的崇拜者和求教者。她的别墅成了青年诗人心目中的圣地。在这些诗歌爱好者中，她最器重的有四位：莱茵、奈曼、博贝舍夫和布罗茨基，而在这些被阿赫马托娃称为“诗歌的孤儿”或“孩子们”中间，她又最看重布罗茨基。“孩子们”经常围坐在她的周围，聆听她关于诗歌的教诲；而阿赫马托娃也希望通过他们来延续自己的诗歌思想和诗歌艺术，把行将熄灭的白银时代的诗歌薪火传递下去。后来，布罗茨基以“幸福之冬的歌”为题写了一首诗，将他与阿赫马托娃密切往来的 1962 年至 1963 年之交的时光称为他诗歌生涯中的“幸福的冬天”。阿赫马托娃对这位年轻的诗人产生了深刻的影响，但这种影响与其说是诗歌上的，不如说是精神上的。用布罗茨基自己的话说，她“用她自己的语调”教给了他们高贵和智慧[①]。1989 年，

①［俄］弗·阿格诺索夫：《俄罗斯侨民文学史》，刘文飞等译，人民文学出版社 2004 年版，第 664 页。

在阿赫马托娃诞生100周年的时候，布罗茨基献上了这首《祭阿赫马托娃百年》：

书页和烈焰，麦粒和磨盘，
锐利的斧和斩断的发，——上帝
留存一切；更留存他视为其声的
宽恕的言辞和爱的话语。

那词语中，脉搏在撕扯，骨骼在爆裂，
还有铁锹的敲击，低沉而均匀，
生命仅一次，所以死者的话语更清晰，
胜过普盖的厚絮下这片含混的声音。

伟大的灵魂啊，你找到了那词语，
一个跨越海洋的鞠躬，向你，
也向那熟睡在故土的易腐的部分，
是你让聋哑的宇宙有了听说的能力。

虽然年轻的布罗茨基得益于他同阿赫马托娃的友谊，但他不太承认她对他诗歌创作的影响，而是认为自己的诗有着完全的创作独立性，自己的文学道路独立自主于任何权威和传统之外。毫无疑问，布罗茨基的这种感觉同俄罗斯当时的特殊文化状况有很大关系。数十年间的国家恐怖行为强加给文学以人为的形式，削足适履地强求多种多样的文学创作一律纳入社会主义现实主义框架内，破坏了文学的自然发展[①]。1982年，布罗茨基又用英文写作了《哀泣的缪斯》一文，对阿赫马托娃的创作进行了全面地评述。他认为，强烈的悲剧感和“崇高与节制”的主观态度，是阿赫马托娃诗歌创作的主要特征。阿赫马托娃的节制，在诗体上的表现是简洁和严谨，在主观形态上的表现是忏悔和宽宏；而布罗茨基的表现则分别是绵密和雕琢，怀疑和冷静。显然，在这对诗歌师徒之间，某种内在精神上的呼应，构成了更高意义上的继承关系。[②]

无论是当时还是后来，布罗茨基都算不得一位“政治诗人”。只不过，对包括政治层面在内的周围现实的极度反感，使他在诗中给了现实第二次生命。再加上他放荡不羁的“诗人举止”、与阿赫马托娃的接近，以及与外国人的来往和频繁在地下刊物上发表诗歌，所有的这一切都引起了有关方面的关注，而这种关注的结果，就是闻名全国的“布罗茨基案件”。先是他的一位同事

① [俄] 阿格诺索夫主编：《20世纪俄罗斯文学》，凌建侯等译，中国人民大学出版社2001年版，第611～612页。

② 刘文飞：《布罗茨基传》，新世界出版社2003年版，第37页。

于 1963 年 11 月 29 日在《列宁格勒晚报》上发表了一篇题目为“文学边缘上的食客”的文章，对 23 岁的青年诗人布罗茨基进行点名批评，指责他“不劳而获”，即“有意地逃避社会公益劳动”，这在当时等于是被定为刑事犯罪，要受到流放的责罚。仅凭这篇文章，布罗茨基就被逮捕并以过寄生虫生活的罪名被送上法庭。布罗茨基“因诗获罪”的主要一首诗是：

装傻吧，做贼吧，祷告吧。
像指头一样孤苦伶仃吧。
就像皮鞭对于公牛那样，
十字架对于诸神就是永恒。

另一首是《列宁格勒近旁的犹太坟场》，内容如下：

列宁格勒近旁的犹太人坟场，
倾斜的木栅，霉烂的胶合板。
傍着歪斜的栅栏，
有律师、商贾、音乐家和革命者在安眠。

他们为自己唱歌，
他们为自己攒钱。

他们为别人死去。

但生前一直缴税，

一直在尊敬警察，

在这物欲无尽的世上，

一直在解说《塔木德》，

内心永远是理想家。

在布罗茨基一案开庭时，身为教育家和作家的维格多罗娃，旁听了对布罗茨基的两次审讯，并不顾法官的多次警告，详细地记录了庭审的全过程。很快这份笔录以“审判记录”为题，以手抄本和油印本的形式在全国传播开来。这份有巨大震撼力的纪实材料使许多从未听说过布罗茨基名字的人知道了他的存在。同时使布罗茨基成了所谓的“自版文学”这一文化现象的首创者之一，在苏联文坛和世界文化界引起巨大反响。

在布罗茨基庭审过程中，法官和布罗茨基的对话非常有趣：

法官：你从事什么工作？

布罗茨基：我写诗，我搞翻译。我认为……

法官：不要说“我认为”。站好了！不要靠墙！看着法庭！好好回答法官的提问！

……

法官：我们对“我认为”不感兴趣。请回答：你为什么不工作？

布罗茨基：我的工作就是写诗。

……

法官：是谁教你写诗的？

布罗茨基：我想……是上帝……[1]

对布罗茨基的第二次审判，实际上是一次公判大会，审判在一所大礼堂中进行，法庭上方悬挂着“不劳而获者布罗茨基审判大会”的横幅。法官不顾律师的有力辩护以及列宁格勒知识界多位知名人士的出庭做证，于1964年3月13日以“不劳而获罪”判处布罗茨基5年流放劳动的刑期。之后，布罗茨基被流放到苏联北疆的一个只有十几户人家的小村庄。

布罗茨基被流放后，列宁格勒的许多文化名流，如肖斯塔科维奇、马尔夏克、巴乌斯托夫斯基等人纷纷出面为他奔走呼号，而其中最积极的营救者就是阿赫马托娃，她甚至挺身而出征集签名。在阿赫马托娃等人的积极努力下，布罗茨基只服刑一年半便被释放。但归来后

---

① 维格多罗娃：《审判记录》，载苏联《星火》杂志1988年第49期，第26～31页。

的布罗茨基仍是不受当局欢迎的人，5 年之后的 1972 年，他被告知，当局“欢迎”他移居以色列，最后他到了维也纳，被迫开始了流亡西方的生活。一次，阿赫马托娃在与人谈到布罗茨基的经历时不无感慨地说：“他们给我们这个红头发小伙子制造了怎样的一份传记啊！这经历似乎是从什么人那儿租用来的。”

在整个 20 世纪 60 年代，布罗茨基阅读了大量的哲学著作，用他自己的话来说，就是读完了所有俄罗斯宗教哲学大家们的著作。他最喜欢的俄罗斯犹太大哲学家是舍斯托夫，《献给雅尔塔》一诗及其“对无意义的颂扬”、对实证论和因果论的批判，就体现了舍斯托夫的影响。从此，他的诗歌逐渐丰盈起来，并形成了自己的风格。布罗茨基的研究者们，通常以布罗茨基的被流放（1964 年）、他的流亡生活的开始（1972 年）和他获得诺贝尔文学奖（1987 年）这 3 个重大事件为基点，将他的创作分为 4 个阶段。在不同的创作阶段里，他的创作主题有所变化。如流放时期，孤独和离别的主题曾分外清晰地响彻在他的抒情诗中；在流亡之后，时间和空间的主题得到了他更多的关注；而在其创作的最后若干年里，帝国的主题和语言的主题则占据了主要地位。但从他的创作整体来看，始终只有一个主题，那就是死亡和生存的问题，就是面对生活的悲观意识，“悲伤和理智”

是他最主要的风格。最具布罗茨基风格的一首诗是长达二百余行的《献给约翰·邓恩的大哀歌》，下面是结尾部分：

……如果说生命可以与人分享，
那么谁愿意和我们分享死亡？
衣物上有洞。想做的人都在撕扯。
人来自四面八方。去了。再回头，
又撕扯了一把！只有天空
时而在昏暗中拿起裁缝的针。
睡吧，睡吧，约翰·邓恩。睡吧，别折磨自己。
上衣破了，破了。挂起来很是忧伤。
这时你看，有颗星在云层里闪亮，
是她在久久地把你的世界守望。

流亡者的生活对于布罗茨基来说，既是一种解脱，又是一种新的孤独状态，既为他赢得了自由，也使他有一种无家可归的感觉。1978 年，布罗茨基加入了美国籍，任教于美国密歇根大学，1987 年，在他获得了诺贝尔文学奖以后，成了一名世界级大诗人。1993 年，俄罗斯联邦政府做出决定，为他“平反”，并恢复了他的国籍。当时，有人就此事向他提问，他回答道：“苏联已不存在，所以我已无国籍可恢复了；我是一名犹太人，而犹太人是没有祖国的。”但无论如何，在20世纪的俄罗斯流亡文学史中，布罗茨基都占据了一个显赫的位置。在所谓的“第三浪潮”流亡文学中，布罗茨基和索尔仁尼琴分别被视为诗歌和小说两大体裁中的首要代表。

布罗茨基不仅是一位伟大的诗人，同时也是一位优秀的散文家。他在其专门评论俄罗斯另一位犹太大诗人曼德尔施塔姆的散文《文明的孩子》中写道：“语言就是文明的载体，是人类创作中唯一不朽的东西，图书馆比国家更强大，帝国不是依靠军队而是依靠语言来维系的。而诗歌作为语言最紧密、最合理、最持久的结合形式，无疑就是传递文明的工具，广泛地宣扬着‘对世界文化的眷恋’。”正是在这个意义上，布罗茨基称曼德尔施塔姆为“文明的孩子”。

其实，布罗茨基本人在与窒息相抗争的一生中，也是一个“文明的孩子”。

九、黑色的悲观主义：贝克特

一种敏锐的想象力和逻辑，如果被混合到荒谬的程度，结果将是一种似是而非的诡谲，或是一个爱尔兰犹太人后裔；如果是一个归化了的犹太人，这种诡谲就更是百分之百。事实上，1969年的诺贝尔文学奖正是被分享了：一个人，两种文化和第三个国家，而且是一个分裂的国家。这个人就是著名的荒诞派戏剧大师、黑色的悲观主义者、信奉新教的犹太人——塞缪尔·贝克特。他以五部作品《马洛伊》（小说）、《马洛纳之死》（小说）、《无名的人》（小说）、《等待戈多》（剧本）和《瓦特》（小说），在世界文坛赢得了声誉。尤其是戏剧《等待戈多》，在1953年上演后，拉开了世界戏剧史上崭新的一页，风靡全世界，被译成20多种语言，吸引了100多万观众。

贝克特虽不是先知，但他那独特的忧郁和黑色的悲观主义却让人们彷徨于死亡和虚无的边缘。他借剧中人物的嘴喋喋不休地向人们追问：我是谁？他让所有苦苦等待戈多的人因绝望而恢复痛感。1957年，《等待戈多》

在美国旧金山的一所监狱中为1400多名囚犯演出，演员们本来担心这种戏是否能为囚犯们所接受。结果出乎人们意料，囚犯们反响强烈，认为这部戏并不难懂。一个囚犯说："戈多就是社会。"另一个囚犯说："戈多就是监狱外边。"监狱中的一个管教说得更透彻："他们懂得什么是等待，他们知道如果戈多真的来了，只能让人们失望而已。[①]"后来一名导演问贝克特，戈多究竟是谁或者指什么？贝克特回答道："我要是知道，早在戏里说出来了。[②]"

美国的一个博士研究生在深入研读了贝克特的作品之后，向他的导师递交了厚厚的一沓纸——但纸上一个字也没有。他的无字论文最终获得了通过。他正是以这种别出心裁的方式表明自己对贝克特作品的虚无内涵的深切体会，仿佛贝克特全部作品确实在表现一个虚无的主题：荒凉的世界，荒诞的人生，荒芜的艺术[③]。这似乎只对了一半，贝克特思想的主旨确乎是地道的黑色悲观主义，但他却是一个温和的、充盈的、魅力十足的，

① 车成安主编：《世界犹太裔文化名人传》，中国工人出版社1996年版，第550～551页。

② 刘洪一主编：《犹太名人传》（文学家卷），河南文艺出版社2002年版，第325页。

③ [美] 罗伊丝·戈登：《塞缪尔·贝克特和他的世界》，唐盈等译，敦煌文艺出版社2000年版，第309页。

对人类怀有深刻理解、同情与爱的人。正如美国另一位犹太作家威塞尔[①]在《遭遇贝克特》一文中所言："他杰出地描绘了必然生活在一个丑陋世界上的人类的不幸与悲剧，但他没有把自己描述为邪恶，因为他本人是邪恶的反面：他不嫉恨任何人，也准备帮助每一个人……毫不奇怪，他在某些圈子里被视为不单是个隐士，而且是个圣徒……因为他不仅是名伟大的作家，更是一个伟大的人。[②]"

塞缪尔·贝克特于1906年4月13日出生于爱尔兰首都都柏林附近的福克斯罗克，这是一个信奉新教的犹太中产阶级家庭。关于贝克特的出生时间，在官方的出生证明上记载的是5月13日，但贝克特本人总是坚持说是4月13日，因为这一天是个特殊的日子，圣徒奥古斯丁就是诞生在某一个月的第十三天，而且他尊敬的几个人，像但丁·乔伊斯，以及他唯一的兄弟弗兰克都是死于某一个月的第十三天。但最关键的是，这一天是耶稣受难日。按贝克特的一位传记作者解释："在爱尔兰，通常的做法是家长在婴儿出生后一个月方才到政府机构

---

① 威塞尔，美国著名犹太作家，人道主义者，1986年诺贝尔和平奖得主。

② [美] 威塞尔：《一个犹太人在今天》，陈东飙译，作家出版社1998年版，第312～314页。

去登记，如果这孩子活过了他生命的第一个月。[1]”据说刚刚降临人世的贝克特身体十分瘦弱，着实令他的父母担忧了一阵子。至于出生在基督受难日这一天，虽说完全是个巧合，但“这个日子对于他特别合适，因为基督被钉死在十字架上和生存的纯然不幸后来一直困扰着他的心灵”[2]。既然在这个特殊日子降临人世，那人生也一定与众不同。

贝克特的父亲比尔，是17世纪从法国迁移到爱尔兰的贵格会会员贝克茨的后裔，身上有二分之一的犹太血统。比尔由于对上大学不感兴趣，15岁就进入家里开设的建筑商行工作，之后在都柏林的一家公司任统计员，并获得公司的股份。贝克特的母亲曾是一名医院的护士，在医院同受伤并失恋的比尔认识，俩人一见钟情，于1901年8月31日举行婚礼。

贝克特的母亲是个讲故事的好手，她常常用动听的故事和美味的点心款待她自己的孩子和邻居的孩子，并教导孩子们具有高尚的礼貌和适宜的爱好，如钢琴、绘画和唱歌，她坚定而虔诚。他们还经常在自家的场地上打网球，就在贝克特12岁时，他和哥哥一道获得过本

---

① Samuel Beckett an George Rearey；S.Deirdre Bair，S.27。

② ［英］A. 阿尔瓦雷：《贝克特》，赵月瑟译，中国社会科学出版社1992年版，第14页。

地区网球比赛冠军。体育运动是他终身的爱好，从比尔开始，他们几乎全家都是游泳高手。贝克特的童年是非常幸福的，但由于他母亲是一个非常严格的教徒，使他从小就很孤独。但他对周围的苦难和不幸异常敏感，一生秉持了这种品性，他说："我有一个不错的童年，像其他小孩一样正常。然而，我更知我的周围还有许多不幸。[①]"正是他从小所受的宗教教育，使他天生忧郁，并喜欢苦思冥想。基督教中的原罪思想和犹太人对弥赛亚的等待深深地浸泡在他的血液里，再加之深受法国存在主义的影响，即人被抛到这个世界上，没有谁征求过他的意见，而死亡则像达摩克利斯之剑，永远高悬在他的头顶。

1914 年，就在贝克特 8 岁时，已经显示出了对文学的特殊兴趣。他不仅搜集了不少文学类图书，而且还搜集了两座雕像，一座是莎士比亚的，一座是但丁的。他每每从体育活动中退到自己的小小房间，很小就学会了享受孤独。此外，他还和哥哥、表姐等一道学习弹钢琴。在 5 个孩子中，他是练琴最刻苦的一个，但弹琴水平始终不高，或者说"只有技术，没有感觉"。有一天，钢琴教师问他长大要干什么，贝克特口气生硬地回答："打

---

① 焦洱等：《贝克特——荒诞文学大师》，长春出版社 1995 年版，第 24 ~ 25 页。

板球，代表爱尔兰。”但最终贝克特没有成为一名运动员，而成了一名曲高和寡的作家，也不失为一种荒诞。

少年时期贝克特生活中最值得纪念的一件事，是1916年复活节起义时父亲带他去看柏林大火。“欧洲最好的大街在一晚上就化为灰烬。”这一景象长期存留在贝克特的脑海，尽管他经历了爱尔兰内战和两次世界大战。在战争结束的1923年，贝克特被送到了都柏林的三一学院，正式开始了他的大学生活。

贝克特的功课集中在艺术和人文科学方面，特别是喜欢对17世纪的研究——课程有逻辑学、道德哲学、物理学、玄学、修辞学、伦理学、拉丁语、希腊语、希伯来语以及数学等。但对于贝克特的求知欲望和聪明的头脑，这些似乎还不够。在这些功课之外，他还阅读了马林诺夫斯基的《原始神话中的心理学》，理查兹的《科学与诗歌》，托尼的《宗教与资本主义的兴起》，刘易斯的《时代与西方人》，卡西尔的《语言与神话》，杜威的《经验与本性》，怀特海的《科学与现代世界》，罗素的《神秘主义与逻辑》《当代混乱的起因》和《我信仰什么？》等书。短短的几年，他“不仅开始有了自己的思想观点，而且能够将其表达出来。他阅读了大量书籍，已能够参加1927年在知识分子中间非常普遍的那些辩论”。他还对科学很感兴趣，目的是为了探究与人类相关的许多自然现象。他的父亲虽然没有上过大学，但他们家却有三一学院的传统，因为他的两个叔叔都曾是三一学院的高材生。所以，贝克特在三年级时就成为三一学院一名有名气的学者，并获得免费用餐、半价宿舍和另加 20 英镑生活津贴的奖学金。此外，贝克特的导师一位是贝克莱、笛卡尔和柏格森方面的权威，另一位则是一位德高望重的戏剧专家，他们使贝克特受益匪浅。

在他 1927 年 12 月毕业之前的两个夏天，他先后骑自行车到过法国和意大利旅行，对法兰西文化和哲学产生了浓厚的兴趣。毕业时，他获得了现代语言学的第一名，现代文学的大金质奖章，他研究笛卡尔的论文还获得了 50 英镑的特别奖学金。毕业后，他被邀请到法国一所大学教了两个学期的法语。1928 年春，他又前往巴黎高等师范学校教授英语。在巴黎的最大收获，就是 24 岁的贝克特结识了大作家乔伊斯，这深刻地改变了贝克特的人生历程。

生活和艺术对乔伊斯来说，如同一枚硬币的正反两面。有一次，他切生日蛋糕，蛋糕上放着《尤利西斯》的复印本，他说："这是我的身体。"可以这样认为，乔伊斯身上有着圣主耶稣的某种气质，只是这种气质有些错位。然而恰恰是错位铸就了他那钢铁般坚强的意志，而不仅仅是一般的信仰，并由此贯穿于他的艺术和生活之中，将平凡转化为不平凡，将普通的生日聚会转化成热闹的节日庆典，将人类悲剧谱成神圣的喜剧。他的精神境界使他面对种种困苦时都能平静自若。他在一封给朋友的信中写道："我的视力几乎下降到零，双眼必须再动手术，"但接着笔锋一转，"有没有威尔士语和英语双解词典？"很久以后，贝克特获得诺贝尔奖时曾说过乔伊斯的这种精神信仰对他产生了深远的"道德影响"[①]。

乔伊斯重视友谊，全心全意地对待朋友，可称典范。乔伊斯和贝克特的一位共同密友乔拉斯说，乔伊斯"对友谊有着特殊的才能……因此他不会轻易认朋友。对他来讲，友谊就是责任"。另一位画家弗兰克·巴根是乔伊斯终生"患难与共的朋友"，他说，乔伊斯把"友谊"和法律规定为同一概念，他始终如一、忠诚可信，既是一位知心的谈话者，也是一位耐心的聆听者。他对朋友非常重视和牵挂，事无巨细——无论是租房子、雇女仆，还是请医生，他都会鼎力相助。如果谁病了，他会照顾得无微不至。"他竭力让朋友们觉得开心，那份真切和热情让人有些尴尬"，他从不会拒绝朋友的各种邀请。当然，他的自尊和谦虚也是显而易见的。朋友对他的作品提出意见，或保留其作品的选刊抄本，都让他"深深

① 杰克·麦克格兰"暗暗相信"由于乔伊斯一直未能获诺贝尔文学奖，贝克特一直觉得自己没有资格获得这项殊荣。

感动”。“朋友们温暖的关怀，大大缓解了他的私人生活的苦痛……他渴望得到别人的关爱和帮助，他的眼神就说明了一切。”这是贝克特有一次在和朋友谈论乔伊斯时说的话。对朋友的热心相助，对青年作家的大力扶持，成为爱尔兰文坛代代相传的仁爱传统。一位作家说：“在乔眼里，每个人都是平等的，不管他们是作家、孩童、侍者、公主还是贵妇。他喜欢听别人讲话，从来不厌烦。”

贝克特和乔伊斯相识时，正是乔伊斯及其家人面临巨大不幸的时候。一是他自己患严重的眼疾，无法读书，只能借助放大镜，剧烈的眼痛让他几近崩溃；二是妻子因子宫切除手术而住进了医院，他日夜守护在妻子的病床边；三是女儿患精神分裂症需要住医院，他四处为女儿求医问药，并向弗洛伊德和荣格等精神病学家咨询；四是他的儿子，一个颇有天资的歌手，开始迷恋一个比他年长 11 岁的女人，并离家出走，随心所欲地过自己的生活。尽管如此，乔伊斯仍处处关心朋友，并有求必应。当然，他的内心也非常地痛苦，他常常为当年醉酒后不负责任的行为而导致女儿的精神病症而深感内疚。于是，贝克特像“奴仆”一样不辞劳苦地帮助乔伊斯。一次，同时代的作家庞德看到乔伊斯和贝克特在一起，便对贝克特大加讽刺，态度蛮横。不久，乔伊斯就中断了和庞德的友谊。贝克特从高等师范学校下班后，一听说乔伊斯打过电话，就马上回话，声音抑扬顿挫。当得知乔伊斯晚上散步想要有人陪伴时，贝克特便急匆匆赶过去，“觉得这是一次殊荣”。

乔伊斯和贝克特关系密切的第一个原因，可能是乔伊斯觉得贝克特是一个有潜力和有知识的青年人，并且贝克特非常理解和欣赏乔的作品。由于乔伊斯的作品是一种新的文学格式，所以他的许多朋友和家人几乎从来也不读他的作品，这使乔很苦恼。第二个原因，可能是乔伊斯从贝克特身上看到了自己青年时代的影子。贝克特和乔伊斯不仅长相酷似，而且志趣相投，再加之年龄的差异，俩人有一种父子般的感觉。此外，乔伊斯的个人魅力也深深吸引着贝克特。平常乔伊斯行事冷静、外表严肃，和人相处时从不直呼人姓氏，而是习惯于称别人“先生”或“小姐”。有一次,他偶尔叫了声“贝克特”，就让这位年轻朋友高兴了好半天。乔伊斯笑的时候，非常天真而富有感染力，从不矫揉造作。跳舞时，胳膊甩来甩去，腿踢得老高，脸上带着孩子般羞涩的笑。幽默和写作可能是他反抗生活折磨的最好办法，他从来也没有失去信心，即使是二战中最忧心忡忡时，他仍然保持着那份苦涩的幽默和对周围人的关怀，为他们缓解生命的压力，让痛苦不堪的生活变得可以承受。作为一个普通人，作为一个艺术家，他的反应和一个喜剧作家一样，努力给人们带来欢乐。在一段时间里，贝克特完全模仿乔伊斯，跷着腿，嘴里叼着香烟，眼睛贴在书本上阅读，甚至还买了一双漆皮夹跟鞋，号码和乔伊斯的一模一样，尽管穿起来脚发肿并且长鸡眼，贝克特也咬着牙挺住。

乔伊斯邀请贝克特参加了许多社交聚会，包括上文提到的那次庞德讥笑贝克特的不愉快聚餐。同样不愉快的是另一次《尤利西斯》法译本的庆祝会和鲜花节 25 周年纪念会。客人们由一辆公共汽车送到靠近凡尔赛的一座村庄里。然而在返回途中，车上的都雅坦、瓦莱里等人决定集体捉弄贝克特，让车停下来并给他一杯一杯地灌睡前酒。当然，在一些社交活动中，许多朋友后来也成了贝克特的至交。俄罗斯犹太移民保罗·莱昂就是一个。莱昂多才多艺，是律师和社会学家、国际法专家、爱尔兰家法研究作者，还研习文学、哲学和拉丁文。他的幽默诙谐也是公认的。莱昂和贝克特一样，是乔伊斯家的常客，经常帮乔处理一些财务和职业方面的事物。许多个夜晚，莱昂在抑扬顿挫地朗诵乔作品的校样。

乔伊斯和贝克特还有一个最大的共同点，那就是对犹太人的苦难命运的同情。乔伊斯不仅精通犹太人的历史，还私人援助过至少 12 个犹太人逃离纳粹的魔掌。他还经常把自己比作受压迫的犹太人，他觉得在苏黎世的生活如同囚徒一样。“《塔木德》说过，我们犹太人就像橄榄一样，当被挤压时，当被自身的枝叶压垮时，才能榨出精华。”后来反犹主义者和乔伊斯打官司，贝克特曾出庭做证。乔对一生遭受的暴政和罗马式的精神奴役非常反感，他曾说过一句耐人寻味的话：“生与死带来的创痛已足够了。”有一次，乔因儿子的婚姻失败喝酒特别凶，贝克特则始终在一旁宽慰他。乔拉斯说：“贝克特作为一个知心好友，在乔伊斯沮丧焦虑时给予的关怀的确让人感动。”即使是乔去世后，他仍然请求处理把乔伊斯的遗体运回爱尔兰这一复杂问题。

乔伊斯的去世和女儿露西娅的病情困扰有很大关系。露西娅个子高挑，身材窈窕，举止优雅，漂亮的圆脸上长着一双蓝眼睛。由于乔伊斯一家频繁地搬迁，使她没有能掌握好一门语言。但她在演唱、钢琴演奏、舞蹈和美术插图方面很有天赋，乔伊斯曾花费大量时间和金钱帮助女儿的事业。露西娅在参加聚会时，总是扮演成卓别林或拿破仑，非常可爱。可惜的是，她患有精神病。在与贝克特的交往中，露西娅暗恋上了英俊而有气质的贝克特，这使贝克特很尴尬，最后被迫告诉她，他感兴趣的是她的父亲而不是她。这使她的身体一天比一天消沉下去，也让乔伊斯非常痛苦。贝克特本人在很多年里一直深感罪责，认为露西娅的病情恶化和自己无法给予她爱的回报有很大关系。1936 年后，露西娅不仅脾气暴戾，而且总是睡在花园里，不管天气如何。这件事影响了贝克特和乔伊斯一家的关系。后来，在露西娅被社会福利机构永久收容之后，贝克特和乔伊斯才恢复了原来的亲密关系。乔伊斯在和贝克特的谈话中，对纳粹的邪恶行为大加谴责，并将帮助犹太人视为自己道义上的责任，而不管自己的境遇如何。1940 年夏，在德军进驻巴黎之前，贝克特加入了逃亡大军，临行前和乔伊斯见了最后一面。

每当露西娅住院时，乔伊斯便定期给她写信，去探望她。他的信中显示出无法抚慰的哀伤，“我亲爱的小女儿，”他常常这样开头，“我确信……某个美好的日子——不会太遥远——乌云会散去，它们不是暴风雨前的浓云，只不过是些小云彩罢了。”在另一封言辞痛切的信中，他写道：“我看到了巨大的进展，但同时也看到了令人悲哀的迹象。你为什么总是独坐在窗前？无疑那是一幅很美的图画，但一位姑娘在田野中漫步，那更是一幅美丽的图画。”他不停地为他两个孩子的不幸而责怪自己：“我对我的孩子有着而且已经造成了罪孽深重的影响。”在他谓之为“一个瞎子的愤怒与绝望”中，他祈求道：“密涅瓦女神指引我吧！”战事初起时，乔伊斯更是对女儿极度地担心，他在 1939 年 9 月的一封信中写道：“我全然不知我女儿身在何处——而我却做了那么多准备才来到她身边！”信中他不断重复着自己的忧虑：“假若遇到爆炸，她可千万莫要被一个人孤零零地抛弃在恐惧中，以为所有的人都不要她了。”当露西娅终于在一家新医院安顿下来后，乔伊斯便去待在她身边，保护她，以免她被炸弹的声音惊吓。而对这种声音他本人也深感恐惧。1941 年 1 月 13 日，他在思念女儿的抑郁中在苏黎世去世。

在贝克特的生活中，苏珊娜无疑是一个非常重要的人物。她比贝克特大 6 岁，他们之间的关系一直为新闻界所关注。苏珊娜是法国人，认识贝克特时已是一位严肃又具有天赋的画家，还是演员兼教师。1938 年，她 38 岁时偶然进入了贝克特的生活，那时，贝克特刚被一名歹徒刺伤住进医院里，这样，从一开始她就显示出了她那力量和宁静相混合的个性。苏珊娜容貌平常，但她的沉静和稳定使她颇具魅力，使她具有一种抚慰人的力量；或者起码对贝克特来说，她像母亲一样坚强可靠。她把自己的一生几乎都默默献给了贝克特，从饮食起居的管理者到他的文学代理人，在贝克特经济最困难的时候，她甚至靠缝纫担负起养家糊口的责任。在他们长达 40 多年的关系里，苏珊娜从一开始就在自己的四周建立了一道隐蔽的墙，她不愿抛头露面，她喜欢保护自己的隐私，在这一点上她甚至比贝克特有过之而无不及。贝克特刚刚成名时，苏珊娜甚至不愿参加贝克特的社交活动,她只情愿把自己的生活完全贡献给“家庭的”贝克特，而不是“社会的”贝克特。二战期间，他们曾一起参加过法国左翼地下组织的反法西斯活动，抵抗纳粹的侵略暴行。苏珊娜凭着自己的沉稳和聪明几度化险为夷，甚至可以说是她使贝克特免遭厄运。他们的抵抗组织遭到破坏以后，她又陪伴贝克特逃亡到鲁西荣，一路上历尽艰难也并无怨言。战争结束后，苏珊娜默默地陪伴贝克特度过了他一生中几乎每一个重大时刻，这其中包括他酗酒无度、苦闷彷徨的时期，包括他被疾病缠身、痛苦难堪的时刻，包括他们经济拮据、难以度日的时期，包括他为艺术而苦苦思索并最终顿悟的时刻，当然也包括他拥有成功的辉煌的时刻。她的行为多次成为贝克特的作品中的原型依据，启发了贝克特的创作灵感。在贝克特为艺术创作不被人理解和接受而苦闷彷徨的时候，她甚至为他争取成功付出了很多亲身的努力。贝克特不愿向外界推荐自己的作品，更不愿与人打交道，是苏珊娜充当了他的文学代理人的角色,《等待戈多》最后能在法国上演，贝克特的长篇小说三部曲最终能够出版，不能不说有很大一部分应归功于苏珊娜的执着努力。这一定都曾经让苏珊娜倍感自豪并由此得到了莫大的安慰。

贝克特和苏珊娜的私人生活关系一直非常奇特，这也是引起许多人猜想并产生兴趣的部分原因。他们自始至终都分室而居，保持着一种非性关系。他们的许多朋友也曾对此颇感诧异，但随着时间的流逝，人们也就越来越能理解他们与众不同的生活方式，并且因为这正是他们两个人自己的方式，而且是最适合的方式而感到释然。

1961 年 3 月 25 日，贝克特考虑到自己身体的健康状况，在两人同居 23 年后决定秘密结婚。这样一旦自己有什么意外，苏珊娜就可以成为自己财产的合法继承人。结婚时始终没有鲜花和香槟，只有很少几个朋友，贝克特差几周 55 岁，苏珊娜 61 岁。

贝克特完全是一个超脱的人，他不喜欢为声名所累。他的脸上皱纹密布，写尽了人世间的沧桑。他痛恨任何形式的自我曝光和自我炒作，即使是颁给他诺贝尔奖，他也未来领奖。每当人们邀请他参加电视访谈节目或是在公开场合发表演讲，他总是很有礼貌但又很坚决地说："不。"因此，在许多人的心目中，他成了一个神秘人物，甚至是一名现代隐士。其实，他的好朋友数不胜数，只不过是他沉迷于独处，珍视自己的隐私罢了。很多时候，他不忍心拒绝别人。

《等待戈多》风靡全球之后，他再也不用为钱发愁了。他就会带上苏姗娜，去寻找那些四季如春、没有喧扰的地方，美美地过上几周宁静的生活，并寻求新的灵感。有时他一旦才思枯竭，或者太多的凡尘俗事打断了他的写作计划时，他也会莫名其妙地冲着人们发火："没完没了的干扰，没完没了的信件，自己却连一点工作的时间都没有了。整个人都被淹没了，没有出路了。" 1983年1月，在经历了一段相当苦闷的时期之后，他给一位朋友写信说："从未有过的无聊和空虚。我记得在卡夫卡的日记中有这么一句话：'种种花吧。未来已经没有希望。'至少，他还可以种种花。我想他还是有东西可写的。但是，我却连一点灵感都找不到了。[①]"对于这种欲哭无泪的苦闷，贝克特已经习以为常了，但70岁以后，他却忍无可忍，认为给他举办75岁生日庆典，不仅占用了他的时间，而且也侵犯了他的隐私。他在给朋友的信中写道："去你的，名声。"他大发感慨："我担心生命已经走到了尽头……在巴黎，人们小题大做，把我的生日庆典搞得像我的百年诞辰一样轰轰烈烈。我要在生日庆典隆重举行的那一天悄然离去。去哪里，我自己也不清楚。也许会去中国的长城吧！我要躲在长城背后，直到大浪淘尽为止。"

贝克特很少谈论自己的作品。记者、评论家，甚至

---

① ［英］詹姆斯·诺尔森：《贝克特肖像》，王绍祥译，上海世纪出版集团上海人民出版社2006年版，第7页。

朋友在问及他的作品含义时，他也总是避而不谈或缄默不语。他非常乐于和记者交谈，但从不接受记者的采访。这或许是因为他认为艺术作品本身就笼罩着一种神秘感，而他天生就不喜欢揭开这层神秘的面纱。这也可能是因为他意识到，作为一名作家，他只是“苹果核里的虫子”（贝克特原话），不懂得整个苹果从外面看起来究竟是什么样子的。贝克特经常和他的一些朋友促膝谈心，他很喜欢海涅、歌德和叶芝这几位诗人，他认为海涅对“生命的磨炼”和“古老的循环”很有感悟，而歌德和叶芝在生命的最后关头还写下了优美的诗篇，所以，他认为老年意味着“光明和精神”。他说：“我们的时代欠缺的就是精神，人们不再和自己的精神交流了。然而，真正重要的就是精神。”他认为，艺术家的伟大使命就在于表达“存在”。但是，“存在”是无形的、混乱的、神秘莫测的“无意义的动作的集合体”，人类先天不足、痛苦不堪、混乱无序。虽然艺术家也是“无意义”的一个部分，但出于自身的天职，必须将这种“无意义”形象化地表现出来。

贝克特世界观的焦点在于两种不同的悲观，一种是轻易的、不在乎思索一切的悲观；另一种是在无法避免的悲惨境遇中，痛苦地面对现实而产生的悲观。前者的悲观由于认为一切事物皆没有价值，因此有其极限；而后者则试图从相反的观点去解释，认为既然没有价值可言，也就谈不上再降低其价值。我们曾目睹了前所未有的人的堕落，如果我们否定了一切价值，堕落的证明就不存在了；但如果我们认识到人的堕落会加深我们的痛苦，则我们更能了解人的真正价值。这就是内在的净化及来自贝克特的黑色悲观主义的生命力量。而且，这种悲观主义以其博大丰富的同情，拥抱了对全人类的爱。因为这种达到痛苦顶峰的绝望已臻至变化的极限，从而深知如果没有了同情，所有的境界都将消失。贝克特的作品发自近乎绝灭的心境，似乎已承担了全人类的不幸。而他凄如挽歌的语调中，浸满着对受苦者的救赎和遇难灵魂的安慰。

在《等待戈多》和《啊，美好的时光》这两部堪称《圣经》注释的杰作中，贝克特的上述思想表现得更为明显。在《等待戈多》中有这样的话："你是那将要降临的，还是我们要再等待的另一个呢？"剧中两个流浪汉必须忍受的境遇，是以野蛮的方式残忍而无意义地生存。在这部比较富有人性的剧本中，贝克特向我们说明了，没有什么法律比造物本身更为残忍。而人在创作中唯一的位置，仅仅是出自他故意恶意地将其他法律加之于其上的这一事实。但如果我们设想有个神，有一个创造了人类所能忍受的无尽痛苦的神，那么，正如剧中两个流浪汉一样，我们与他将何地何时、怎样相见呢？对这个问题，贝克特用剧本的名字做了回答。到剧终时我们仍然不知道戈多是什么人，就像我们到了自己生命的最后一幕仍不会知道命运一样。在大幕徐徐落下的时候，我们深切体会到一切残酷的力量，但我们也明白了这一点：无论经过怎样的痛苦与折磨，有一种东西是永远磨灭不了的，那就是希望。《等待戈多》清晰地描绘了人类面对永远的、不可预料的等待所做的形而上的抉择。

在他的另一部剧本中，对《圣经》的隐喻多和人的现实选择紧密联系在一起。人们在这个世界上彼此的关系，就像旷野中空漠的、没有回音的呼喊一样。贝克特的解说是针对一个无望的坐在沙漠中的幻想者而发的，但主题却是发生于这一切之外的另一事实：一个与世隔绝的人逐渐为日益增多的沙粒所覆盖，直到完全埋葬在自己的寂寞里；但有一样东西却在这令人窒息的沉默中昂然矗立，那就是他的头和他在旷野里的叫喊。人们只要活着，就有一种永不泯灭的需求，这就是：找到自己的同类，与之对话、交流。[①]

在获得诺贝尔文学奖不久，另一个犹太大师索尔·贝娄曾给贝克特写过一封信，在信的结尾有这样一句话：

① 建钢等编译：《诺贝尔文学奖颁奖获奖演说全集》，中国广播电视出版社1995年版，第538～540页。

“又一个获诺贝尔奖的悲观主义者。”贝克特回了一封信，挖苦道：“你从哪里知道我是一个悲观主义者呢？”其实，贝克特在面对逆境时，从来不是一名彻底的悲观主义者，相反，表现出一种旺盛的生命力和坚忍不拔的精神。在德国期间，他曾经用一个刀片自行处理了手上的一道烫伤。为了追求知识、寻求心灵的顿悟，尽管阴囊上的肿块痛得他死去活来，他还是矢志不移，走遍了柏林所有的艺术馆。二战爆发后，他告别了家乡，勇敢地走向硝烟弥漫的战场，顽强地同德国法西斯做殊死的斗争。所以，他在给毕肖普的一封信中写道：“如果悲观主义是用来形容邪恶战胜了正义的一种价值判断的话，那么，把悲观主义安到我的头上是不合适的，因为我既不想也没有能力进行判断。我只不过是碰巧多接触到了其中一者而已。①”75 岁高龄的时候，他引用了《李尔王》中的一句话：“谁能肯定我现在的处境最糟？只要我们还懂得说最糟糕，就说明最糟糕的时候还没有到来。”所以，我们在贝克特的作品中，虽然能洞彻世界的黑暗和虚无，但永远能看到希望，他的那种“黑色”是对悲观和绝望的嘲讽和反抗。

和贝克特相处，是一件非常惬意的事，他的言谈中

---

① ［英］詹姆斯 · 诺尔森：《贝克特肖像》，王绍祥译，上海世纪出版集团上海人民出版社 2006 年版，第 21 页。

充满了“黑色的智慧”。在医生给他治疗白内障时，他对顺势疗法充满了怀疑:“还在治疗眼睛。愚蠢的眼药水、药剂和同种疗法医师开的小药片，后者就仿佛敷在木脚上的膏药一样。”还有一回，由于口腔囊肿，在动过手术之后，他戴了一副假牙。他就说：“戏剧让我恶心到假牙了！”幽默是他反抗逆境最有力的武器，这就是他“黑色悲观主义”的真正含义。由于贝克特离人们很遥远，所以许多人对他产生种种猜测，而生活中的贝克特和他的导师乔伊斯一样，非常随和大方，关心别人，富有同情心，简直就是一个“圣人”。即使是在他家徒四壁的时候，他仍然乐善好施，不声不响地资助过很多朋友和陌生人，他的善良和大方简直成了盛行一时的传奇故事。走在大街上，见到乞丐，他从来都不忘施舍。有一回他说：“我知道他们当中有些人是骗子，但我不能冒这个险。”“冒险”这个词用得太好了，这正是他美好心灵的真实写照。他常常觉得，自己年轻时太自私、太张扬、不关心他人，所以自己活该老来受罪[①]。他对弱势群体有一种自然而然的同情，包括：失败者、病人、囚犯、

① 1938 年 1 月，他在巴黎街头被一个男妓捅了一刀，刀锋离心脏只差一点，结果大难不死。如果刀子再往里捅一英寸的话，同年出版的《莫菲》一书恐怕就要加上“贝克特遗著”的字样，而且也不会有《等待戈多》《莫洛依》《终局》等著名作品了。这次经历使他彻底改变了自己的生活态度，由一名自恋张狂者变成了一名博爱者。

乞丐、流浪汉，甚至一些游手好闲的人，他是出了名的菩萨心肠，即使偶尔上当受骗也浑然不觉。他相信人总是好的，尽管有时确实有一两个人让他感到失望，他也会原谅他们身上所有的“人类的弱点……天生的弱点”。

所以，既然人类还不太美好，我们就有理由等待下去，并为了迎接“戈多”的到来而努力地工作。这可能就是人生的全部意义。

十、旁观者：管理大师德鲁克

彼得·德鲁克是一位知名度极高的管理学大师，在中国的知名度几乎与竞争战略大师迈克尔·波特及营销学大师菲利浦·科特勒比肩。他是现代经验主义管理流派的创立者，同时也是一位管理咨询大师，理论界和实业界将其尊为“现代管理之父”“管理学巨擘”和“大师中的大师”。

美国管理协会：“如果说20世纪最伟大的发明是管理的话，那么彼得·德鲁克无疑是最伟大的发明家。”

《经济学家》评论道：“在一个充斥着自大狂和江湖骗子的行业中，他是一个真正具有原创性的思想家。”

《商业周刊》称其为“当代最经久不衰的管理思想家”。

《福布斯》封面文章称德鲁克“依然是最年轻的头脑”。

《哈佛商业评论》认为：“只要一提到彼得·德鲁克的名字，在企业的丛林中就会有无数双耳朵竖起来倾听！”

人们之所以给予德鲁克如此高的评价，绝不仅仅是因为他在研究管理中体现出来的历史和社会的深度，更重要的是他对研究对象的洞察力和真知灼见。纵览德鲁克一生的思想轨迹，始终贯穿着一个主题：自由、尊严和社会中人的位置，组织的作用和功能，人的成长和组织的成长以及社会的健康发展。德鲁克并不是简单地就管理论管理，而是把社会、组织和个人置于一个大的系统中研究管理。他从研究法学和政治学入手，渐渐地深入构成社会的基本单位——组织。他认为，管理使各种组织产生绩效，组织是社会的器官，管理不仅仅是针对组织，还包括政界、企业界和非营利界，而他则将这“三界”融会贯通。管理者的责任是要把人们组织起来，使平凡的人在组织中发挥不平凡的能力。

德鲁克先生保留了传统欧洲的“旧知识分子”的人文魅力。他是有效利用时间的典范，他经常告诫经理人：“一定要知道你自己是如何利用时间的。”因此，在他长达 60 多年的职业生涯中，总共出版了 39 部书，平均每两年就有一本书问世。他的高产再次验证一个极高天赋的人，也需要目标和愿景，也需要对目标的不懈追求，这是一个“卓有成效的管理者”成功的基础。

德鲁克先生讨厌别人称他为预言家，而自称为“旁观者”。他强调说：“没有丰富工作经验的学生，是不会从我这里学到任何东西的。我从他们身上也学不到任何东西。”因此，管理是一种责任和实践的思想始终贯穿于他的著作。年轻的时候，他曾尝试成为一个经济学家，并用经济计量工具分析纽约股市，并预测到纽约股市未来将不断繁荣。但一个月后，纽约股市即发生大崩盘。他说：“这是我所做的最后一次市场预测。任何人都无法预测未来，我唯一能做的是以旁观者的身份，观察已经发生并对未来可能产生影响的重大事件。”他意识到，经济学家只对商品的行为有兴趣，而他关心的重点在于人的行为。因此，当有人问他：“历史上最成功的领导者是谁？”他指出：“就是 4700 年前或更早时，第一次构想出金字塔并史无前例地设计与建造金字塔的那位埃及人，而且这是在人类有历史记载的年代完成的。”德鲁克最喜欢讲述这样一个故事：大约在公元前 5 世纪，有一个工匠受希腊雅典城的委托雕刻一座雕像，这座雕像将矗立在神庙顶上，这个工匠比预期时间晚了几个月才完成雕塑，因为他把雕像的背面雕刻得和正面一样漂亮。雅典城的官员因为他超时而很生气：“你把雕像的背面雕刻得和正面一样漂亮有什么用？又没有人看得见背面。”工匠回答道：“是吗？可上帝能看得见！”德鲁克所有思想的产生，都是他几十年追求自我超越和思索与反思的精神结晶。

德鲁克最与众不同的一点就是，他从未把自己当成一个大师，而是把自己当成一个学生，从所有与他接触的人身上汲取营养。正如约翰·加德纳所言："他总是对什么都感兴趣。"德鲁克自己也说："我从未认为哪个人特别无趣，我理解为世界上没有无趣的人，却有着大量不善于观察，不能够以洞察之心体会世界的人。"他在《管理的实践》中说过，他认真研究了20世纪50年代大学中所开设的课程，发现其中有两门对于培养管理者最有帮助：短篇小说写作与诗歌赏析。诗歌帮助一个学生练习用感性的、富有想象力的方式去影响他人；而短篇小说的写作则培养你的那种对于人以及人际的入微体察。后来他在回忆录《旁观者》一书中写了一章叫"怪兽与绵羊"，拿去给MBA的学生讨论。许多同学认为，他"所写的一切无不强调人的多变、多元，以及独特之处"。他要对抗的，是一个集权当道、讲求统一与一致的时代。他笃信只有独立和多元的特质，才能护卫人类社会的价值，并培养领导力和公民精神。

作为一个有社会责任的知识分子，德鲁克不愿意悲剧式地进入历史，不管是被指派为一个丑角，还是证明为一粒微不足道的尘埃。德鲁克选择了离开，选择了一个旁观者的角色，选择了广场或者舞台之外的生活（后来他有了话语权，但是集中在经济、商业和管理领域)。这里的旁观者，更像是福柯所谓的不与强权者进行权力游戏的人，是一个不放弃独立思考的人，是一个不媚俗的人，是一个尊重人性价值的人。旁观不是过客，旁观，是为了仍旧做一个完整的人、一个自由的人。这不是一种怯懦，而是一种清醒，或者说是一种个人化的选择，作为见证人与思考者的选择。

德鲁克生活的时代，大抵是集权当道，讲求统一与一致的时代。在这种独裁政体下，服从至上，大家行事和思考都一样，连写的文字、画的图都如出一辙，完全被一个"中枢"严密控制，也就是纳粹所说的"依同一轨道而行"。这股潮流大为风行，锐不可当，甚至淹没了民主的声音。

德鲁克说："旁观者注定从不同的角度看事物。"管理者亦是如此。

德鲁克的祖籍是荷兰，犹太血统，祖父是位银行家，祖母是克莱拉·舒曼的钢琴弟子，父亲是大学教授，母亲是一名师从弗洛伊德的医生，是一个地地道道的名门子弟。

彼得·德鲁克1909年出生于维也纳，是一个早熟儿，18岁到德国汉堡大学深造。上学期间，即前往一家投资银行担任证券分析师，后来又成为法兰克福的一家经济类报纸的专业记者，1931 年取得博士学位。当时德国希特勒势力开始抬头，德鲁克的学术思想无法推行，1933 年他便前往英国，终身以教书、著书和咨询为业。在美国他曾担任由美国银行和保险公司组成的财团的经济学者，美国通用汽车公司、克莱斯勒公司、IBM 公司等大企业的管理顾问。他一生著述颇丰，著有《管理的实践》《卓有成效的管理者》《管理：使命、责任、实务》《旁观者》等 39 部著作。2002 年 6 月，美国总统布什授予他“总统自由勋章”,这是美国公民所能获得的最高荣誉。2005 年 11 月 11 日，德鲁克在美国去世，享年 96 岁。

在德鲁克的记忆中，奶奶是一位非常有趣的人物，他们家族代代相传一个有关奶奶的故事：在德鲁克还未出生前，奶奶因为无法参加侄女的婚礼，便拍了一封非常有名的电报，上面写道：

> 就打电报而言，务求精简，这是最适当而且最好的表达方式，故在此庄严隆重的一天，祝汝等：幸福快乐！

据说，德鲁克的奶奶一直搞不明白，为什么她只不过写了 4 个字，电报费却高得离谱。

奶奶的钢琴弹得非常好，她曾经是克莱拉 · 舒曼的学生，不仅在勃拉姆斯面前演奏过，而且在1896年马勒执掌维也纳剧院后的一次演出中，担任钢琴部分的弹奏。奶奶的记忆力非常惊人，一次德鲁克在练琴时，奶奶告诉他把“降D大调弹成了D大调”，德鲁克不服气，告诉奶奶“乐谱上明明印着D大调”。奶奶说“这一定是乐谱印错了”，并迅速给乐谱的出版商打电话。两个小时后，出版商回电话，印刷错误。

德鲁克的奶奶不仅生前有趣，临死时也留下一则“趣闻”：有一天，风狂雨急，75岁的奶奶照常到处溜达，不料竟走上了汽车道。司机一个紧急刹车，奶奶吓坏了，摔了一跤。司机下车后，希望送奶奶去医院。奶奶说：“年轻人，还是麻烦你叫辆救护车吧，车上多了一个奇怪的女人，可能会损及你的名誉——人言可畏啊。”10分钟后，救护车抵达时，奶奶已因严重的心肌梗塞而死亡。德鲁克的弟弟打电话告诉德鲁克这则消息时，起先语调很哀伤，后来禁不住笑了出来：“想想看吧，只有我们的宝贝奶奶会这么说，75岁高龄的她，居然还担心和一个年轻人同车会给他带来‘绯闻’的困扰！”德鲁克也破涕为笑：一个老太婆自然不会损及这个年轻人的名誉，但要是一个陌生的老太婆死在他的车内的话，他要如何向世人解释？

1933年冬，德鲁克曾在英国的弗里德伯格公司工作过，这段经历对他后来的成长起了很大的作用。弗里德伯格是犹太家族，自 17 世纪中叶起，代代为朝廷大公掌管私人财务。弗里德伯格的两个哥哥早已改行，一个是杰出的解剖学家，另一个是著名的文学史家。弗里德伯格精力充沛，每天晚上在凌晨 3 点半才打完桥牌回家，他每天的休息时间不超过 3 个小时，是有名的工作狂和银行家。弗里德伯格担任英国珠宝公司管理董事会的财务总长达 30 年以上，这个董事会的成员都是犹太人。有一回，他和董事们吵完架后很生气，便提名非常虔诚的加尔文教徒、公司的会计师林伯做他的继任者，林伯结结巴巴地表示反对："但是，我……我不是犹太人啊。"

弗里德伯格有一个老乡名叫亨利，此人对德鲁克的影响也很大。亨利的父亲是犹太肉贩，靠一匹布起家，后来成为一家拥有 12 层大楼的百货店老板。20 世纪 20 年代的时候，亨利所在的城市和一名法国大雕塑家签约，建造一个美丽的喷泉。之后，由于经济大萧条的冲击，市政府付不出喷泉的款项。亨利因此提出由他付费和捐赠的构想，条件是必须以他的名字命名喷泉，并给他两年的经营控制权。市政府同意后，他迅速建成了喷泉，并在这座喷泉上盖上大帐篷，参观的门票每人 25 美分，持票者还可在他的百货店享受折扣优惠。他在该地区大做广告，到了该把喷泉还给市政府时，门票收入早已超过了他的投入。然后，他把所有的收益都捐给了医院。亨利的零售原则只有两条：一是，只要打 2 美分的折扣就可以使其他店家最忠诚的顾客动心；二是，不把东西上架，永远都卖不出去。商人的工作就是使顾客满意，没有所谓无理性的顾客，只有懒惰的商人。

亨利是美国零售业的革新者，是采取“包君满意，否则退款”策略的第一人。对顾客的抱怨和投诉，他也有一套简单而有效的解决之道。任何一位顾客前来抱怨，他们都会马上让客服部副总出面倾听顾客的陈述，然后露出惊惶的神态。

“马上把那名该死的售货员找来。”副总说，最靠近服务柜台的售货员就会被拖过来。那名副总就会指着他的鼻子说：“明天开始不用来上班了。”这时，顾客总会为那个售货员求情。一旦顾客怨气消了，离开后，那个“该死的售货员”就可以得到一点酬劳。当然，真正发生抱怨的始末，还是会调查清楚的。

这位亨利一直到 104 岁才撒手人寰。到他生命的最后一天，天气非常恶劣，他穿戴整齐地上街溜达了 1 小时后，打个电话把商店的总经理训了一顿，原因在于对手丝袜的价格比他们更低。挂上电话，他对护士说：“瞧，到我这个年纪还可以做点有用的事吧。”说完，转身面壁，就过世了。

1937 年，德鲁克移民美国。1939 年，他发表了《经济人的末日》一书，对纳粹的整体主义进行了批判。在这本书中，他预言了纳粹大量屠杀犹太人的计划、希特勒和斯大林相互勾结的计划。在大多数美国人眼里，这都是一些超越常识的思想，许多人把他看作一个歇斯底里的犹太人。1942 年，他还在《产业人的未来》一书中，宣告与私有经济占主体的 19 世纪告别，20 世纪将出现以大企业为中心的产业组织的崭新画面。

德鲁克的卓越见解还在于他曾指出，企业应确保最低必要利润，追求利润最大化，会使企业招来破产的结局。他建议道，不应该让劳动者附属于企业的收益至上主义，而应该让他在工作现场找回他们做人的尊严。为此，企业应该经常为从业人员提供受教育的机会。只有教育，才能使即便一文不名的人也能产生人生再建的机会；只有教育，才是打开通往重新开始生产道路最低限度的条件。他的这些思想，正是受拉比们“如果没有知识，能够得到什么？如果有了知识，又能失去什么”这一观念的影响，他不愧为犹太文化的传承者。

十一、“公关之父”伯奈斯

爱德华·伯奈斯是心理分析大师弗洛伊德的外甥，他借用舅舅的心理学理论，让大众购买原本不需要的产品，并且影响大众对事物的看法与种种观念，从而博得“公关之父”的称号。

没有人比伯奈斯更懂得宣传包装，更懂得如何扭转群众意识，又如何化群众意识为集体行动。他叱咤美国商场几十年，不仅创造和包装过无数风云产品，而且左右着选民的投票行为与多任美国总统的重要决策。他首创的公关理论不仅被写入大众心理学和行销学的教科书，而且被许多广告公司和公关人员反复实践。

他是一个让女性抽烟成为时尚的人；

他是一个教美国人改变家居布置的人；

他是一个曾左右“香蕉王国”政治的人；

他是一个帮助柯立芝入主白宫的人；

他是一个长命百岁、非常迷人而且极具道德争议性的人。

点燃美国

一位青年打算和新婚妻子举行一个现代化的婚礼。婚礼就在纽约市一座朴实无华的教堂中举行，既不需要家人和朋友，也不穿婚纱和燕尾服，更不要乐队和鲜花，就连结婚戒指都没有。对于这对1922年的自由派青年来说，戒指正是对妻子的奴役象征，而他们就是要对抗这种传统。甚至连婚礼举行的时间，都仔细地基于隐私性加以挑选。当新郎和新娘抵达的时候，市政府大钟的指针指向12点差5分，也即教堂即将关门的时候。这样，无论这对新婚夫妇是多么有名的人，媒体都不大可能在次日报道他们的婚礼。

然而，这位青年最终还是无法保守自己的秘密。刚一结完婚，他就向他的同事和几百位好友通知了自己的秘密婚礼。与此同时，他说服了新娘在下榻之酒店以娘家的姓氏登记住宿。果然不出他所料，酒店通知了所有的媒体，新闻就是一对新婚夫妇用各自的名字登记了住宿。在那个年代，这是一则象征“妇女独立”的破天荒的新闻。更具新闻性的是，这家豪华的饭店同意了这件事。第二天，有250家报纸同时登载了这则消息。一夜之间，这对夫妇成了全世界女权运动的急先锋。

这位出手不凡的行销高手成功地推销了自己，他就是出生于奥地利，有犹太血统，身高只有 5 英尺 4 英寸的爱德华 · 伯奈斯，爱迪是人们对他的昵称。他的母亲正是弗洛伊德的妹妹，而他父亲的妹妹，就是弗洛伊德的妻子。在他将近 1 岁的时候，随父亲离开维也纳，到达美国纽约。他于 1912 年 2 月毕业于康奈尔大学农学院，时年 20 岁。1928 年，在他 36 岁的时候，他的事业开始大展宏图，他利用舅舅的心理学知识，成功地为美国烟草公司推出的“幸运牌”香烟开发了女性市场。

为了达到目的，伯奈斯展开的第一波宣传攻势，就是进行人与甜食的对抗。首先他说服一位摄影师，鼓动其他艺术家一同赞美纤瘦的身材。这位摄影师在一封公开信中写道 :“身材修长的女子，配合上柔软度与优雅的线条，正创造了一种可爱女性的新标准。这些人如同广告中所说的，不吃甜食与点心，选择香烟……我想知道我的意见是否与其他人相同，也很希望得知你们在这方面的看法。”这封公开信不仅送到了报社发表，而且类似的“调查”报告也针对演员、运动员、美女、社交名媛以及男性舞蹈者征询结果。许多杂志社不断收到最近流行瘦身的报告，而报社还收到诸如前任英国健康医学中心协会主席的证词，警告大众甜食会侵蚀牙齿，并且告诉大家“正确的餐后食品，应该是水果、咖啡和一根香烟”。一位医师还发表文章说：“水果帮助强化牙龈，并且清洁牙齿；咖啡则会刺激唾液分泌，形同漱口；而最后来一根香烟，则不仅能消毒口腔，还能放松神经。”伯奈斯甚至还说服了一名舞蹈老师站出来证实“在舞池中，过重的身体不仅让舞伴难过，而且容易造成舞池拥挤。今日的舞者在面对自助餐与美食的诱惑时，最好选择抽烟来代替”。

紧接着，爱迪还开始设法直接改变人们吃的习惯。呼吁饭店要把香烟增加到餐后点心的菜单里，并且在一家著名的杂志里发表了精心设计的系列菜单，建议读者在午晚两餐应吃适量的蔬菜、肉类和碳水化合物，“伸手拿香烟，不要拿甜点”。此外，他还建议人们改进厨房，在橱柜里不仅要有放茶和咖啡的容器，还要有放香烟的容器。不久，伯奈斯还发表大量笑话来推进“反甜食运动”。他最希望的结果就是，引发有关甜食的争论。

随着反甜食运动的第二波宣传攻势，美国烟草公司当年的营业收入增加了3200万美元，“展现的销售成长率，比所有其他香烟加起来还要高”。这使美国烟草公司的老板希尔非常高兴。1929年初，他召见了伯奈斯并且询问：“我们要如何让女人在街上也能抽烟？她们现在在室内开始吸烟了，但是天哪，如果她们有一半的时间在户外，而我们又能让她们在户外抽烟的话，我们的女性市场就可以几乎加倍了。做些事情吧，立即行动！”

伯奈斯明白，这次他们的对手太强大了，那就是长期以来让女性无法在公开场所吸烟的社会禁忌，挑战传统是一件非常艰难的事。因此，他说服了希尔，请他出面邀请弗洛伊德的一位弟子布利尔医生做了一项研究。布利尔指出："女人想吸烟是非常正常的。妇女解放运动造成了许多女性欲望被迫隐藏起来。许多女子现在和男人一样出外工作。许多女子不生孩子，生孩子的女性有很多也只生比较少的孩子。女性的特征被迫隐藏起来了。通常和男性画上等号的香烟，在此时就可以拿来当成象征自由的火把。"这一观点使伯奈斯灵感迸发，何不号召由一个知名女性组成的大游行，让她们点亮这"自由的火炬"呢？这个活动应该选在复活节这个象征灵魂得到自由的假日，地点应该在第五大街这条美国最具代表性的大道上。

于是，由秘书草拟了一份30位著名女性的名单，并接着给她们发电报，电报上号召"为了争取两性平权，反抗性别歧视和对抗愚蠢的偏见"，我们要游行并"沿路吸烟"。然后再由当时一位著名的妇运领导人，在纽约各大报纸上发表公告和签名。在伯奈斯的精心策划下，游行非常成功，"妇女首度在大街上公开抽烟的故事"成为当时各大报纸的重要新闻。在媒体的大肆宣传下，波士顿、旧金山和底特律等地也出现了类似的妇女游行，而每位参加的妇女照例手里都拿着香烟。几周后，百老汇的剧场出现了一场骚动，因为他们让妇女进入过去只许男性进入的吸烟室。

有趣的是，虽然是伯奈斯和美国烟草公司一手策划了这些活动，但档案里却找不到相关资料，因为发起人是和烟草公司没有任何利益关系的商会联盟和一些女权运动的领袖、摄影家和舞蹈家。当然，由于复杂的历史背景，我们无法对伯奈斯进行道德审判。另一个事实是，尽管女性吸烟已成为时尚，但美国烟草公司的幸运牌却不受欢迎，因为幸运牌香烟的绿色包装与女性的服装颜色不协调。于是，有人向希尔建议改变包装——换成中性的颜色，但希尔不同意，他不愿意废除“花了上百万经费宣传出来的这种包装”。伯奈斯却提出了一个大胆的建议：“既然你不想改变香烟包装的颜色，那就把服装的流行颜色改变成绿色。”

要改变整个国家对服装流行颜色的品味，谈何容易？没有几个人能想得出来，也没有几个人知道怎样实施，而这正是伯奈斯的特长。——他用了6个月的时间，就改变了时尚。

值得一提的是，当幸运牌香烟销路大增的时候，社会上却两次传出谣言，一次是说美国烟草公司解雇了所有的售货员，一次是说美国烟草公司的员工患了可怕的麻风病，而且幸运牌香烟上染有麻风病毒，并解雇了犹太裔的员工。镇压流言，是伯奈斯非常擅长的一个领域，伯奈斯消除谣言的第一条法则就是，绝不以公开方式重复谣言，这样只会助长谣言；第二条法则就是，公布事实和数字。正确的理论指导正确的行动：首先，伯奈斯设法让当地的高级卫生官员，颁奖给美国烟草公司，奖励该公司工厂的“一尘不染”；其次，他让美国烟草公司的销售员直接进入犹太人开的香烟店，一本正经地推销“幸运牌”香烟，并告诉这些店主，美国烟草公司的香烟近期销量不错，而且他是一个犹太人，美国烟草公司还有一大批犹太人为他们做事。伯奈斯告诉这些销售员：“除了这些以外，什么也不要多说。谈话的时候不要带感情、不要争执、不要打赌、不要吸引群众。”之后，他又请美国犹太人协会、《犹太论坛报》和一些其他组织展开调查，而调查结果则是驳斥了上述谣言，这些组织并向传媒界发新闻稿，歌颂犹太人在该公司的卓著成就。

当谣言开始沉寂时，在伯奈斯的催促下，希尔开始感谢这些犹太社团的大力协助。而表达谢意的方式是，给一些犹太儿童之家、犹太慈善团体、犹太电信组织和犹太福利联盟捐款，还给了美国犹太退伍军人会 5000 包幸运牌香烟，请他们把这些烟交给因战受伤的军人。

伯奈斯的策略真是一举两得，既攻破了谣言，又帮助了自己的犹太同胞，确实是创造性思维。

从大处思考问题

传统上，从事公共关系的人员，多半基于他们能够直接达成客户目标的能力，提供服务并且收取酬劳。如果客户的目的是销售更多腊肉，他们就会设法从其他腊肉业者手中把生意抢过来。如果这些人为书商服务，他们会宣传客户的书籍，设法让媒体佳评如潮。爱迪·伯奈斯的方法，和同行比起来，比较迂回，但是效果要大得多。在回溯他的做法时，我们似乎可以贴上一个更简洁的标签，那就是“大处思考”。大处思考的意思，不仅是拒绝受限于传统思考，而是抗拒传统、扭转现实。其实他的行销方式很简单：伯奈斯制造事件，事件制造新闻，而新闻则会造成大众“恰巧”对他所要推销的产品产生需求。

伯奈斯表示，在他 40 年的全职工作经验里，曾为 435 位客户提供服务，而这份客户名单，就仿佛那个时代的美国商业与文化界的名人录。比较大的客户有：通用电气、通用汽车、美国烟草协会、菲尔科广播电视公司以及美国放射研究协会等。文艺界的客户有：芭蕾剧院舞团、纽约爱乐交响乐团，剧作家尤金·奥尼尔、演员亨利·米勒、画家乔治亚·欧基芙。在大众传播业方面有：哥伦比亚广播网、国家广播公司、《大都会》杂志、《财富》杂志、《好家政》杂志，还有许多大饭店以及梅西百货等。

当行李箱制造商于20世纪20年代末期寻求伯奈斯的帮助时，非常着急。当时的时尚，例如短裙和钟形帽等，都不像先前流行的多层次衣裙那样需要大量储存空间。因此，船舱与火车的储货室里，就分配了比较少的空间，供装行李之用。而推销新款流行服装的销售代表，也因为这种潮流，而不需要在商业旅行时携带大量行李。伯奈斯还是采取后门攻势，来针对这个问题提出反击。他让杂志与报纸形成一种推测，就是有教养的旅行者会携带大量的随身衣物。他也呼吁工程师设计更多的储藏衣物空间；也要求学校通知入学的学生，尽可能携带更多的衣物到学校；至于卫生官员，则向人众说明与他人共用一个手提旅行箱是不卫生的。最后，他找到一位著名演员在巡回演出时准备大量行李并让媒体拍照采访。

宝碱香皂公司，是伯奈斯30年来的忠实客户。在双方合作初期，宝碱的麻烦很简单但很伤脑筋，当时的小孩不太爱干净，所以几乎不使用该公司生产的象牙牌香皂。他的解决方法很简单：“要设计让原本视肥皂为天敌的小孩，开始喜欢使用象牙牌香皂。”伯奈斯很快组织了一个委员会，这个委员会于 1924 年举行了一场全国肥皂雕塑大赛，大赛提供现金奖品与大量媒体报道。不久之后，全国的孩子就收到了传单，告诉他们只要准备下列物品，就可以参加比赛："一把拆信刀，两根橘色棒，一些细线。”传单中还建议孩子们："使用剩下的肥皂来洗手、洗脸和洗澡。只要每天洗澡一次，你就会爱上象牙香皂带给你的干净感觉。”从那年开始，参赛的雕塑家、建筑师以及其他艺术家各费巧思，把重达 1000 磅的肥皂转化成栩栩如生的人物、造型和建筑，这个比赛持续了 37 年，直到 1961 年为止，每年都吸引数百名参赛者，使用了将近 100 万块肥皂，从而使象牙牌香皂成为美国人的肥皂象征。

在 1929 年，为了庆祝爱迪生发明电灯泡 50 周年而举行的“金色灯光嘉年华”，被大众认为是伯奈斯公关生涯中的光辉胜利时刻，也是公关行业有史以来最“炫”的大秀之一。开始策划庆典的时候，正是伯奈斯很忙碌的时候。当时，他正在呼吁妇女们伸手拿幸运、不要拿糖蜜；同时也在促销卡迪尔的珠宝、道奇的胜利六型新车、纳克司的凝胶和新泽西贝尔公司的新电话服务项目。不过，正如他后来所言："对许多人而言，我们仍然只是虚张声势的人与夸大其词的艺术家，也是对媒体与商业界诚实标准的一种威胁。我希望能有一个戏剧化的事件，可以让其他人像我们一样认同这个行业。”

这场庆祝活动吸引了无数的名人前来参加。与会的名人有胡佛总统、居里夫人、莱特和摩根等。盛大的仪式，有条不紊的活动，精致的纪念邮票，爱因斯坦的赞美信函……让所有与会者激动和满意，使伯奈斯获得了前所未有的赞美。当然，由于伯奈斯持续不断地在聚光灯下抢风头，不仅激怒了他的公关同僚，也使出资 300 万美元的汽车大王亨利·福特大为光火。这正是典型的“伯奈斯模式”，他违反了一项基本原则：公关人员应该待在幕后。当然，伯奈斯在为客户服务时，一般还是有一些道德底线的，并不是什么钱都赚，正如他所说：“我的良知有时不允许我为一些人提供服务。”

左右民意和专业理性

大处思考这个观念，从啤酒销售到芭蕾舞推销各方面都获得良好的结果，使得政坛人士也无法抗拒。第一位找他帮忙的，是柯立芝总统的支持者，他们希望柯立芝总统能够赢得 1924 年的大选，担任一个完整任期的总统。柯立芝是一个不苟言笑的人，因此，在大选中，有必要改变自己不受欢迎的形象。伯奈斯经过深思熟虑后，决定邀请一批女性作家或是特定的妈妈团体，前往华盛顿晋见总统。

柯立芝总统用咖啡、水果、吐司等丰盛的食品招待了客人。用过早餐后，一位著名游吟诗人为柯立芝献上一首《留住柯立芝》的歌曲。歌词是："比赛已经开始，柯立芝就是人选，坐上总统宝座的人选。默不作声地，他曾为我们做了许多，让我们回报他，把他留在这里。"接着，柯立芝夫人与其他来自百老汇的明星们一同加入了副歌的合唱："留住柯立芝！留住柯立芝！让我们未来四年不需畏惧！"报界非常喜欢这则故事。《纽约时报》将它登在头条,标题是"演员与柯立芝一家人吃蛋糕……总统几乎笑了"。《纽约评论报》做得更进一步，标题为"游吟诗人让总统首次在公开场合露出笑容"。《纽约世界报》的内容更详细："这群来自纽约的演员，只花了3分钟，就做到了华盛顿社区领袖再三尝试，但无法成功的事，他们居然让总统露出了牙齿，张开他的嘴巴，然后笑了。"3周后,柯立芝以极大领先的优势赢得了选举。

后来，胡佛总统在8年后寻求连任时，也请伯奈斯帮忙，但再聪明的选举花招也无法掩盖当时美国经济的恶化，伯奈斯也不是万能的。之后，他还为罗斯福夫人和艾森豪威尔总统游说美国情报局尽过力。然而，他却拒绝了来自尼加拉瓜左翼政府和尼克松总统的生意请求。他解释道："如果我是个医生，也许有义务接受任何病人。但是身为公共关系顾问，我可以拒绝接受我个人反对的客户。"他还指出："公关学运用在政治上……就像运用在任何其他专业领域一样，可以被运用在有建设性的方面，也可以被滥用。同样的事情，在人类行为上也适用。我们可以找到诚实的律师，也能找到不择手段的讼棍。我们可以利用法律，伸张正义，也可以滥用法律，破坏我们社会仰赖的正义原则。"他还认为，诚实的公关人员，能够利用这个行业的所有花招，来测量民意，并试着改变民意。还可以预测出大众对政治家有什么样的印象，然后重新包装这些政治家，让他们更投合民众的喜好。但前提是，这些事情都必须是"带领人民到他们想要到达的地方。民主政治的领导能力的定义，就是解决大家认为需要解决的问题"。

后来，人们经常称伯奈斯为"公关之父"，尽管他不是最早的公关人员。因为这个领域还有许多先驱者，伯奈斯所开的公关公司是人类有史以来第八家公关公司。但是，他却是历史上第一位把课程定名为公共关系学在大学中授课的老师，而且也是第一个出书描绘公关理论和实务的人，更是公关学界公认的最多产、也是最有表达能力的哲学家和发言人。伯奈斯认为公关有三条法则。第一条法则：它是客户和大众互相沟通和了解的双向道；第二条法则：公关人员不仅要聪明，还要有直觉，并要有丰厚的心理学、社会学和其他学科的知识；第三条法则：帮助美国变成一个更好的国家的法则。他的前两个观点，受到人们的普遍接受，但第三个观点遭到人们的质疑：这个观念非常可笑，难道把公关人员看成社会的先知和拯救者？伯奈斯认为，这只是一种理想，因为在现实生活中，大众正被幕后的少数人"控制"和"引导"，他们是一些隐藏起来的宣传专家和驯服狂野群众的人，是进化社会的守护者。他随后出版了两部书《宣传术》和《透视民意》来阐述自己的观点。

但是当"宣传"这门伯奈斯大肆宣扬的新兴学科，如果被运用到邪恶的目标时，就仿佛一位纳粹党的宣传人员在谋划灭绝犹太人的计划，我们如何看待"宣传"？后来有人对伯奈斯做出了评价，认为伯奈斯的某些观点是把自由主义和法西斯主义加以混合的方式。这位学者指出："如果希特勒已经发现了这些技巧，并且运用在邪恶目标上，那么在一般大众无法抗拒这些宣传伎俩的前提下，如伯奈斯这样的自由主义人士更应该先发制人，伯奈斯认为为了要拯救民主，必须先采用操纵的手段，他认为有时候为了要拯救一个村庄，可能要先放火烧了它。"这段话是对伯奈斯最有力的反驳。

而一位曾在纽约大学修过伯奈斯公关课程的学生写

道："我记得他是一个身材矮小的人，身形有点像当时广为人知的小国王的角色。他穿着黄褐色的衣服，坐在桌子后面，从他很大的索引卡上读着笔记……他的授课内容不外乎两件事：他与弗洛伊德的关系，以及他在一战时发明了战争宣传的经验。对我个人来说，他是我在纽约大学4年里，最无趣的一位教师。"

显然，伯奈斯与他的舅舅明显不同。弗洛伊德的专业，是将人们由他们的潜意识的驱策和欲望中解放出来，爱迪却是试图利用人们潜意识里的欲望。

第一个百年

爱迪·伯奈斯来自一个很显赫的犹太家族，他的家族在15世纪的时候，因为西班牙政府的驱逐而搬出了西班牙。他的曾祖父曾是德国汉堡的犹太拉比，也是现代正统犹太教派的创始人。他的父亲曾于1890年在纽约建立了一座犹太会堂，并出任自由派领袖。他的岳父，是另外一个犹太教会的法律顾问。爱迪是一个反对宗教的人，从来也没有去过犹太会堂。但当他的犹太出身对他的生意有帮助时，他就会承认自己是犹太人，他认为对犹太人而言，最明智的做法，就是不要彰显他们和异教徒之间的差异。他曾在1932年写道："犹太人必须要教育自己，养成在生存的世界中，对非犹太人的容忍态度。许多过于渴望表现的犹太人，在补偿自己的劣等社会地位，而努力想达到领导地位时，所使用的推挤和爬过别人的手法，都是不必要也不聪明的。”在 1930 年代的纽约，反犹主义限制了伯奈斯客户的人数，也限制了他们发展的速度和空间。但纳粹对犹太人的大屠杀，已经激励了许多犹太人首次为自己的传统站起来，为日益壮大的犹太社团中出现的杰出的艺术家、作家和学者而感到骄傲。爱迪认为，身为犹太人是一种选择，每个犹太人都有权决定自己的命运，他们应该勇敢地冲破传统的束缚。

不论人们承不承认，爱迪都是弗洛伊德最忠实的学生之一，也是最常模仿他的人。他和弗洛伊德一样蔑视宗教，包括他们祖先信奉的犹太教，两人都对超我有叛逆性，认为这个超我主义只是个阻挡了他想要成为白手起家者的障碍。他跟随弗洛伊德的先例，著书来为自己所从事的行业订下规范。更重要的是，爱迪借用了他舅舅对各种象征及其他力量对人们的影响的这种洞察力，并且利用这些象征及其他力量，作为公共关系学这门艺术及科学的基础，并引导和影响了这门科学的发展。爱迪于 1995 年去世，活了 103 岁。正如有人评价说 ：“我认为伯奈斯最伟大的成就，就是活了这么久。”这句话虽然暗含着对他“公关之父”称号的贬损，但他在他所从事的领域，确实留下了无数案例，我们回溯的时候姑且称之为“第一个百年”。

晚年的时候，他住在位于哈佛广场区的康桥，在那里继续他全国性的社交生活并继续给那些愿意给他每小时支付 1000 美元的访问者，提出睿智的建议。前任美国商务部次卿契斯在 1995 年说：“我在几年前带着爱迪，去见一位有兴趣把钱捐给一个类似世界大同基金会之类组织的人。爱迪在他所属的一个俱乐部安排了一场 8 个人的午宴。这场午宴进行了一个半小时。我忘了事先询问他的收费标准，结果他开口要 5000 美元。我这位很有钱的朋友对此事很不高兴，但还是向爱迪付了这笔钱。”另一位叫皮柏蒂的人就不只是生气了，他在爱迪搬到康桥不久之后就开始竞选州长，而且在市中心的一个酒店里向一些富翁劝募基金。爱迪受邀前来，两人交谈了约 45 钟后，这位后来的州长向爱迪开口要求募捐助选金，爱迪认为自己方才的建议比现金还值钱，并对皮柏蒂说：“您刚才已收到我的捐款了。”

爱迪在 90 岁高龄的时候，思维还非常活跃，早上五点半就起床，几十年如一日地阅读《波士顿世界》《波士顿论坛报》《纽约时报》《华尔街日报》和《华盛顿邮报》，并在早餐时告诉妻子和仆人们今天发生的重要新闻，每天晚上他都会准时收看大牌主持人丹·拉瑟的新闻，当丹·拉瑟开始在电视上说“晚安”的时候,爱迪就会回答:“晚安，丹。”

爱迪的妻子多莉丝去世后，他一度陷入绝望之中。毕竟是长达 58 年的伴侣和挚友，这使他觉得生命毫无意义。一段时间以来，爱迪仿佛一个“刚从监狱释放出来的人”，疯狂参加宴会、赴约、酗酒，常常到凌晨 3 点才回家，有一次他还去了一回同性恋酒吧，回来后就说 :“有个男人亲了我。”据他最亲近的朋友派契尔回忆说，爱迪每次接电话的时候，最喜欢使用的一句话就是“可怜兮兮的 98 岁老头的声音”。如果打来的是客户，他会说 :“请稍等！”然后把电话靠着自己的身体将近 15 秒，等他再以自己的声音来接电话的时候，就像另一个人，声音比较深沉，更有活力，而且他会把所有的精力都注入自己的谈话里面。每一天，派契尔和爱迪在花圃里散完步回家，他绝不会错过欣赏漂亮美眉的机会。有一次，他们两个人同时对一个身材很棒的女人赞赏有加，结果那人居然是男扮女装。爱迪说 :“天哪，你能想象像我这把年纪的人，居然还会犯这样的错误？”

他一直对女性具有很大的吸引力。“只要他走进房间里，在你还弄不清楚发生了什么事之前，整个房间的女孩子都会围坐在他身旁，绝对地崇拜他。”他的女婿贾斯汀说。随着爱迪年岁的增长，年轻女孩对他越是容忍，会让他亲吻她们或是握住她们的手，因为她们相信这位已经年过九旬，身材矮小的传奇人物，已经不会对她们造成伤害了。其实这都是对爱迪的低估，据爱迪对亲戚和朋友们暗示，他在 101 岁的时候还与同和他发生“绯闻”的助手琼安发生过性关系。而琼安则承认：“在爱迪 97 岁的时候，他的行为和思想都还像个只有 65 岁的人，每天在性方面的表现甚至比 65 岁还年轻。他有两个地方的肌肉特别发达，一个是脑袋，一个则是下面。”

爱迪一辈子也没有参加任何公关协会，等到年老的时候，他才开始放弃对那些公关团体的蔑视和偏见，希望与年轻的同行们进行交流。就连他加入这些组织的方式，也展示了独特的天资。曾担任过国际公关协会主席的寇贝特说：“我记得他当初写信给我们，询问年龄超过 90 岁的会员的会费是否有折扣优待，后来他又询问愿不愿意对超过 100 岁的人降低会费标准。我认为这种举动相当幽默。”

谁说爱迪是一个无趣的人？

十二、自由的灵魂：帕斯捷尔纳克

1958年10月23日，瑞典文学院宣布授予《日瓦戈医生》的作者帕斯捷尔纳克诺贝尔文学奖。此事在苏联境内引起了一场轩然大波，形成了诺贝尔文学奖颁发以来前所未有的惊人轰动，史称“帕斯捷尔纳克事件”[①]。

早在1948年，帕斯捷尔纳克就动笔写作了《日瓦戈医生》[②]，但由于各种原因，进度缓慢。1954年夏，帕斯捷尔纳克终于写完了《日瓦戈医生》，他将这部作品看做自己毕生最不为之羞愧的一部作品。紧接着，他将书稿的清样分别送给了《旗》与《新世界》两家杂志审阅。1954年《旗》杂志第4期很快就选登了书中的一组诗歌，并对该书做了简介。《新世界》杂志主编则回信说，小说太长，可能会选登几章。于是，帕斯捷尔纳克在焦急中等待着下文。

---

① 刘洪一主编：《犹太名人传——文学家卷》，河南文艺出版社2002年版，第227页。

② 小说最初取名《少男少女》，写作过程中几易其名，最后定为《日瓦戈医生》。

1956年5月，莫斯科对外广播时用意大利文报道了《日瓦戈医生》的内容及完成情况，这使当时在莫斯科广播电台工作的一位意共党员记者注意到这一消息，并迅速登门拜访帕斯捷尔纳克，并索要《日瓦戈医生》的原稿。当时帕斯捷尔纳克很犹豫，一方面他很希望著作尽快问世；另一方面他想，让《日瓦戈医生》首先在国外出版是否合适？最后，他认为，在莫斯科电台工作的意大利人和他代表的出版商都是意共党员，应该不会有什么大问题。当他将原稿交给来人时，幽默地开了一句玩笑："这下您让我自己把自己推上了断头台。[①]"但是，情况却被他不幸而言中了。很快，《新世界》杂志就给他来了信，认为小说对俄国知识分子和人民一起投身"十月革命"做了否定回答，该杂志不予发表。马上就传来消息说，苏共中央文化部长波里卡尔波夫做出批示，《日瓦戈医生》必须首先在国内出版，然后才能在国外出版，并责令帕斯捷尔纳克无论如何要从意大利人手中索回原稿。得到书稿的意大利出版商费里蒂涅态度很明确，绝不退回原稿，即使犯罪也要将该书出版。他说，他不能对人类隐瞒这部杰作，如果隐瞒了，就等于犯了更大的罪。

苏联作协对此书很关注，一方面通过苏联驻意大利

① 高莽：《诗人之恋》，外国文学出版社1991年版，第298页。

使馆和意共领导人，劝说费里蒂涅延期出版该书；另一方面敦促帕斯捷尔纳克给费里蒂涅写信，以小说须做修改为由索回原稿，否则就将违背作者意愿。但一切无济于事，费里蒂涅不仅退出意共，而且于 1957 年 11 月就推出了《日瓦戈医生》的意大利文版，并以最快地速度推出了 11 种译本，两年后该书被译成 24 种语言，轰动全世界。这使帕斯捷尔纳克深感欣慰，尽管大祸马上就要临头。①

自 1946 年，帕斯捷尔纳克作为"杰出的诗人"已多次被提名为诺贝尔文学奖的候选人。《日瓦戈医生》一书问世后，他又第八次被推荐为诺贝尔奖候选人。由于小说描写的是俄国部分旧知识分子对十月革命抱怀疑态度或持反对立场，引起了西方前所未有的轰动。因此，诺贝尔奖委员会以他"在现代抒情诗和俄罗斯伟大叙事诗传统方面所取得的重大成果"授予了他诺贝尔文学奖。多年以后，诺奖委员会主席、斯德哥尔摩大学文学教授谢尔·埃斯普马克在他的《诺贝尔文学奖内幕》（1986 年）一书中谈到帕斯捷尔纳克获奖一事的背景时说："这奖项是赞扬一位具有开拓精神的诗人和一位具有高尚的人道主义和托尔斯泰式的纯洁的小说家。人们远没有把

---

① 包国红：《风风雨雨"日瓦戈"——〈日瓦戈医生〉》，云南人民出版社 2001 年版，第 87 页。

他看成是苏联制度的批评者，而是在他身上看到了一种伟大的艺术独立性，人们谨防政治误解。”

在得知获奖的消息后，帕斯捷尔纳克怀着激动的心情向瑞典文学院拍了电报：“无比感谢，激动、自豪、惶恐和羞愧。”令他吃惊的是，他获奖的消息立刻在苏联引起了轩然大波——1958 年 10 月 25 日，苏联《文学报》发表了《国际反动派的一次挑衅性的出击》一文，点名批评他；26 日，《真理报》发表了《围绕一株毒草的反革命叫嚣》；同一天，《新世界》杂志 7 名编委联合给《文学报》写信，一致谴责帕斯捷尔纳克“玷污了苏联作家和公民的起码荣誉和良心”，把灵魂卖给了帝国主义；苏联文艺界也纷纷举行集会，公开谴责帕斯捷尔纳克是“隐藏的敌人”和“冷战的旗手”等等，还有人举着标语到苏联作协去游行，要求驱逐他：“犹大——从苏联滚出去！”27 日，苏联作协理事会主席团、俄罗斯作协筹委执协局、莫斯科分会理事会主席团召开联席会议，“鉴于帕斯捷尔纳克政治上和道德上的堕落以及对苏联人民和社会主义和平与进步事业的背叛行为”，决定开除他作协会员的资格[①]。29 日，在高压之下，帕斯捷尔纳克被迫主动向瑞典文学院拍了第二封电报：“由于考虑到

① [法] 若利韦、[瑞典] 斯特龙伯格：《诺贝尔文学奖秘史》，王仁鸿译，中国友谊出版公司 1989 年版，第 267 页。

我们社会对于此项荣誉和巨奖之看法，我必须拒绝这份授予我的我本不配获得的奖金。请诸君切勿介意。”[①]

紧接着，在团中央第一书记谢米恰特内的煽动下，一批青年人的“爱国情操”超常发挥，不断到帕斯捷尔纳克的住宅前示威和游行，并用石块砸碎他的玻璃。谢米恰特内还建议开除他的国籍，并将他驱逐出境。这使帕斯捷尔纳克非常恐惧，眷恋故土之心曾使他为此想到自杀。1958 年 11 月 4 日，苏联报纸公布了帕斯捷尔纳克 10 月 31 日写给赫鲁晓夫要求留在苏联的信 :“我生在俄罗斯，长在俄罗斯，在俄罗斯工作。我和她是连在一起的……让我离开我的祖国，对于我来说等于让我去

① 帕斯捷尔纳克的获奖使苏共中央和作协大为震撼，逼迫他公开声名拒绝诺贝尔文学奖。起初，帕斯捷尔纳克无比坚强，坚定地拒绝了这一无理要求，他在给作家协会主席团的信中说 :“任何力量也无法使我拒绝——一个生活在当代的苏联作家的荣誉。但诺贝尔文学奖我准备赠送给保卫和平委员会……我知道在社会舆论压力下必定提出开除我作协会籍的问题。我并未期待你们会公正对待我。你们可以枪毙我，或将我流放，你们什么事都干得出来。我预先宽恕你们。但你们用不着过于匆忙，这不会给你们带来幸福，也不会增添光彩。你们记住，若干年后你们将不得不为我平反昭雪。在你们的实践中这已不是第一次了。”在当时的铁幕统治下，帕斯捷尔纳克敢于这样义正词严地反抗当局，实属难能可贵。个别无耻的领导人见制服不了他，竟以威胁帕斯捷尔纳克的红颜知己为手段来要挟他。为了不使心爱的人遭受更大的灾难，帕斯捷尔纳克才被迫拍了第二封电报。

死，因此恳求对我不要采取这种极端的措施。”[①]

苏联国内对帕斯捷尔纳克的迫害，引起了全世界的关注，许多有声望的学者名流以及政府首脑纷纷向苏联政府提出抗议，尤其是各国的作家反应非常强烈。在英国，艾略特、格林、赫胥黎、罗素、毛姆、福斯特等文坛名流联名致电苏联作协主席表示抗议：“我们深切地关怀世界最伟大的诗人之一帕斯捷尔纳克的命运。我们认为，《日瓦戈医生》是一个动人的个人经历的见证而不是一个政治文本。”奥地利的作家、意大利全国作家联盟、巴西争取文化自由协会，以及亚洲一些国家的作家团体也纷纷抗议。特别是印度总理尼赫鲁，指示印度驻莫斯科大使与赫鲁晓夫交涉，并直接给赫鲁晓夫打电话说：如果不停止迫害，他本人将出任“保卫帕斯捷尔纳克委员会”的主任。这才使迫害中止。但帕斯捷尔纳克受此打击，身心交瘁，长病不起。两年以后，含冤去世。

鲍利斯·帕斯捷尔纳克于1890年2月10日生于莫斯科的一个艺术家家庭。他的父亲列昂尼多·帕斯捷尔纳克起初有志学医，中途放弃，转而习画。家境清贫而又无甚名气。为镇静身心，便领着妻子罗莎·考夫曼从奥德萨迁到莫斯科。罗莎·考夫曼是位才华出众的钢琴

① [苏] 鲍利斯·帕斯捷尔纳克：《人与事》，乌兰汗等译，生活·读书·新知三联书店1991年版，第318页。

家[1]，但为了跟随丈夫，只得辞去演奏者和奥德萨音乐学院教授的职位。因为当时有严禁犹太人居住大城市的条例，列昂尼多便毅然改变了信仰。在帕斯捷尔纳克的幼小心灵中，留下更多的则是对穷人和备受欺凌的妇女产生的怜悯。他曾在《自传随笔》中回忆道：

> 由于经常接触穷苦人和流浪人，附近林荫道的邻居又是一些受歧视的人，他们的遭遇，他们歇斯底里的发作，我时有所闻。所以我过早地怜悯妇女，一辈子万分地怜悯她们，而对于比我会早死的双亲，我更是十二分地怜悯。为了让双亲能摆脱地狱的苦难，我要做一番无比光辉的不同凡响的事。

帕斯捷尔纳克的家里常常举行家庭音乐会，许多著名作家和艺术家都是他们家的座上客。后来，老帕斯捷

---

① 罗莎很小就开始练习钢琴，14 岁时就前往维也纳学习音乐，多次出国演出，媒体认为她不但艺术技艺卓越，而且能够深刻领会和阐述作曲家的思想精髓，其演奏水平可以和李斯特、鲁宾斯坦等大师媲美。18 岁后，她便执教于奥德萨音乐学院。1881 年，罗莎参加了鲁宾斯坦指挥乐队排练演奏肖邦的乐曲，在场的观众都是音乐家。当乐曲演奏完毕时，鲁宾斯坦走到罗莎面前，热情地亲吻她，并用双手把这个小姑娘高高举在头上，对观众说：“这章乐曲就应当像她这样弹奏！”那一年，罗莎年仅 12 岁。

尔纳克在莫斯科成为一名著名画家，并担任了莫斯科美术建筑学院的教授和美术院士。列夫·托尔斯泰经常来听他母亲演奏，并成为他父亲的至交。1892 年，老帕斯捷尔纳克受托同列宾等人一起为托尔斯泰的《战争与和平》的豪华版做插图一举成名，家境逐渐好转。老帕斯捷尔纳克不仅经常为托尔斯泰的作品画插图，还为托氏及其家人绘制了不少肖像和素描。帕斯捷尔纳克经常陪父亲到托尔斯泰的庄园，画家与作家在一起讨论插图的场景深深映在了他的脑际。后来，1910 年，当托尔斯泰因伤寒离家出走躺在阿斯塔波沃火车站站长家的时候，老帕斯捷尔纳克带着儿子见了这位大文豪最后一面，并为他画了最后一幅肖像。在鲍利斯的心目中，他这次见到的并不是长着长长白髯的巨人和高山，而是一个“满脸皱纹的小老头，是托尔斯泰写过的数十个散布在他作品中的小老头之一”[①]。而托尔斯泰正是他的精神导师。

鲍利斯在莫斯科上德语学校期间，父亲的朋友、犹太大诗人里尔克常常来访，并通过老帕斯捷尔纳克去拜访托尔斯泰。鲍利斯 10 岁那年就见到了里尔克，但这也是最后一次。老帕斯捷尔纳克回忆说：“不论是他还是我，连做梦也没想到这位伟大的德语诗人在以后的日

① 包国红：《风风雨雨“日瓦戈”》，云南人民出版社 2001 年版，第 7 页。

子里会对他产生那么强烈的影响。[①]”里尔克堪称帕斯捷尔纳克诗歌创作的启蒙老师，在他后来的创作中，在许多方面体现了里尔克的思想，那就是对大自然与人类的热爱和对战争与暴力的反感，以及诗人与宇宙和死亡之间的和谐。他在20世纪30年代所写的自传体小说《安全保护证》就是献给里尔克的。他在写给里尔克的信中声称："我把我性格的基本特征和精神生活的全部积蓄都归功于您。""我一直在因您的诗歌那广阔、无穷、深邃的恩赐而无限地感激您。""我已不止一次地感觉到，您对于我来说已成为一个启示。[②]"帕斯捷尔纳克在谈到他和父亲在库尔斯克火车站第一次见到里尔克的情景时说，一个披着蒂罗尔[③]式的斗篷的人向他父亲走过来，与他同行的是一位高个子女人，这个女人大概是他的母亲或姐姐[④]，来拜访他们的朋友托尔斯泰，并且在问火车会不会在柯兹洛瓦雅车站停下，马车在那个车站接站，送他们去托尔斯泰的庄园。尽管鲍利斯熟谙德语，但那个人说的德语他从来也没有听说过。看到这个神秘的人

---

① ［苏］帕斯捷尔纳克：《人与事》，乌兰汗等译，生活·读书·新知三联书店1991年版，第10页。

② 艺辛编选:《邂逅缪斯》，东方出版社1996年版，第299～302页。

③ 蒂罗尔，TIRAL，位于奥地利西部阿尔卑斯山区。

④ 这位高个子女人就是著名的莎乐美，尼采、里尔克、弗洛伊德都曾是她的情人。

物，少年鲍利斯被一种神妙的感觉攫住，他觉得："在那人山人海的站台上，在发车的两次铃声的间隔中，我觉得这位外国人掺杂在人群中很像一个朦胧的剪影，很像并非虚幻的人群中的一个幻影。"

帕斯捷尔纳克的青少年时期始终生活在俄国文化界的名流当中，这对他后来的成长产生了重要的影响。12岁时，他们家成为俄国著名音乐家斯克里亚宾的邻居，这使他迷上了作曲，开始学习钢琴并上了6年音乐原理课程。黄昏的时候，他经常陪父亲和斯克里亚宾去散步，听他们谈论尼采和"超人"，这使他对哲学也产生了浓厚的兴趣。在这之后，还发生了一件与音乐无关的倒霉事：那年秋天，父亲构思了一幅画，画上描绘的是乡村的一群姑娘乘马飞驰，在夕阳余晖中驱赶马群，奔向丘陵角下的沼泽牧场。有一次，小鲍利斯跟在姑娘后面，跳跃一条宽宽的溪流时，不慎从疾驰的马背上摔了下来，折断了腿，从此成为一名跛足，以至在每次征兵时，他都因此而被免除服役。但另一件事对他的影响更大：一次在听斯克里亚宾演奏时，他发现自己的偶像跑了调，当他坦诚地提出时，斯克里亚宾不仅没有真诚接受，反而却转换话题。这使鲍利斯非常反感，永远放弃决定做音乐家的念头。

1909年，帕斯捷尔纳克考入了莫斯科大学的哲学系。

1912 年暑假，他和同学自费到德国著名的马堡投师著名的哲学教授科恩[①]。科恩是德国新康德主义马堡学派的创始人，这个学派有两个特点令鲍利斯折服。第一个特点是“它自成一家，是在连根刨掉一切，在一片新土地上建立起来的学派。它不接受各种各样的‘主义’的惰性的墨守成规”。第二个特点是从第一个特点派生出来的，即“它对待历史遗产求全责备的严谨态度”。即使后来放弃哲学很久，帕斯捷尔纳克仍常常回忆这个学派的学说和对黑格尔的重估方式。《日瓦戈医生》中尼古拉舅舅那精辟的一席谈话，其实就是来自科恩教授的观点。

那么，帕斯捷尔纳克究竟为何放弃哲学？这是一个有趣的问题。其实，他已在科恩教授的哲学课上得到了教授的赏识，并邀请他在即将来临的星期天参加他的午餐会。可是，恰好有一对少年时代的友人姐妹途经马堡去柏林，并约他见面。这是爱的召唤，驱使他放弃了哲学家的邀请，花了 11 个小时，为了这个即将抛弃他的人去过生日。爱情战胜了学哲学的前途，冲垮了理智的堡垒，最后失恋和心灵的伤痛，又凝成了一股力量，变成了写大海和黎明的诗，并使他终于走向了诗歌创作的道路。多年后，当他再回忆起那段历史时，将他那时写

---

① 赫尔曼·科恩（1842 ～ 1918），德国犹太裔哲学家，新康德主义马堡学派的创始人，致力于研究宗教与哲学的关系。

的诗统统称为“马堡的垃圾”。

1913年年底，帕斯捷尔纳克出版了第一本诗集——《云中双子星座》。诗集富有象征主义色彩，但又呈现出新的形式，有人把它看作向象征主义挑战之作。1922年，他又出版了第二部诗集《生活啊，我的姐妹》。这本诗集面世以后，反响极为强烈，茨维塔耶娃、曼德尔施塔姆、勃留索夫和爱伦堡等人都先后发表文章予以高度赞扬。此时，苏维埃的文化非常活跃，仅莫斯科的私营出版商就多达220余家，诗歌流派更是如雨后春笋，什么新古典主义派、现实主义派、新现实主义派、新浪漫主义派、象征派、阿克梅派、未来派……多达几十个，大小团体变幻频繁。当时的作家大体可以分为三类：无产阶级作家、反对“十月革命”的文人、“同路人”。帕斯捷尔纳克则既不属于无产阶级作家联盟的“拉普”，也不甘心充当拥护或反对“十月革命”的同路人，而是集中精力撰写自己的理论著述。经过几年的酝酿，终于完成了一篇纲领性文章《几个论断》。他在这篇文章中论述了7个问题：(1) 忧虑；(2) 当今的扭曲；(3) 书；(4) 永恒的喧嚣；(5) 奇迹的法则；(6) 不要管我；(7) 纯洁的诗歌。他在文章中写道：

我在任何时候，也不会为了任何目的，不用

他人的强制，而是根据个人的自愿，从自己关心的世界转入这种爱好者的无所事事的世界去。

……

他们认定艺术应当不停地喷涌，其实它应当不断地吸收，不断地充实自己。

……

书是一块立体的滚烫的热气腾腾的良心——仅此而已。

不久以前，人们以为书中的场面是编造出来的，这是误解。书何须那些场面？人们忘记了，我们唯一能够支配的事是使发自内心的生命之音不要走调。

不善于发现和讲出真理——是一种缺陷，任何善于讲假话的伎俩都将无法将这种缺陷掩盖掉。

……

美学并不存在。我觉得，美学之所以不存在，这是对它的一种惩罚，因为它说谎、宽恕、迎合和屈尊。它对人尚且一无所知，竟给人胡乱安上一些专业。

……

向往纯洁——天经地义。这样，我们就贴近了诗歌的纯洁的本质。它令人不安，如同几十架风车在黑色的荒年，在不毛之地的边缘，骇人地旋转。[①]

1921 年，帕斯捷尔纳克的家庭生活中发生了两件大事：一是父母和两个妹妹去了德国；二是他结了婚。老帕斯捷尔纳克除了为托尔斯泰的《战争与和平》画过插图外，还为《复活》配过 33 幅插图。托翁每次看小说的清样时对文字改动很大，但对插图十分满意。十月革命后，老帕斯捷尔纳克是少数几位获准进入克里姆林宫并为列宁写生画像的画家之一。其实，由于帕斯捷尔纳克的母亲患心脏病，病情日益严重，经他父亲申请，政府批准他父母和两个妹妹出国看病和疗养。后来由于国际形势发生了变化，家人再未能回国。帕斯捷尔纳克的新婚妻子名叫叶夫根尼娅·卢里耶，当时帕斯捷尔纳克 31 岁，卢里耶 22 岁，卢里耶是高等美术学校的学生，容貌靓丽、身材匀称，非常自主而有个性，而且自尊心极强。结婚时她一定要帕斯捷尔纳克改姓卢里耶，而不是她改姓帕斯捷尔纳克。这使鲍利斯非常气愤和尴尬。

夫妻两人生活在一起，互相倾慕逐渐为日常家务所

① 高莽：《帕斯捷尔纳克——历经沧桑的巨人》，长春出版社 1999 年版，第 37 ~ 42 页。1926 年，帕斯捷尔纳克将自己的《几个论断》这篇纲领性文章寄给茨维塔耶娃时，附了几句话，说他至今“全力维护”这些论断，又说这几个论断“不是箴言”，而是“真正的信念”。

代替，卢里耶不喜欢干琐碎的家务，刚烈的性格越来越明显。她的事业心很强，但不会理家，而且对自己和丈夫的要求非常苛刻，并嫉妒丈夫与别的女人来往，甚至包括与男人的正常来往。只要她认为丈夫的话说得不对，便会毫不留情地数落他，甚至当着客人的面，常常弄得帕斯捷尔纳克很狼狈。帕斯捷尔纳克也是自尊心很强的人，只念妻子年纪小，故一再忍让。但压抑的心情和紧张的夫妻关系，为他日后与卢里耶的离婚埋下了伏笔。

1922 年 4 月的某一天早晨，一阵电话铃声把帕斯捷尔纳克从睡梦中吵醒，原来是苏维埃革命军事委员会主席托洛茨基[①]的秘书打来的,要求“召见”帕斯捷尔纳克。托洛茨基对文学表现出异常的兴趣，经常撰写一些评论当代文学家的随笔，发表在《真理报》上。托洛茨基先后评论过的作家有：别雷、勃洛克、克留耶夫、叶赛宁、伊万诺夫等，托洛茨基由于读不懂帕斯捷尔纳克的诗，便决定找他本人谈一谈。帕斯捷尔纳克匆匆下了楼，已有一辆三轮摩托车在等候。用三轮摩托车来接他——在当时已是很高的礼遇了。但会谈并不愉快，帕斯捷尔纳克推崇科恩的唯心主义哲学，而托洛茨基则运用马克思历史唯物主义观来教导他。后来，托洛茨基再也没有召

---

① 十月革命初期，托洛茨基是党内地位仅次于列宁的第二号人物，犹太人。

见过他。

1927 年 9 月 20 日，帕斯捷尔纳克的长诗《1905 年》问世。他给父亲的老友高尔基恭恭敬敬地寄去了一本，未曾想在半个月后高尔基只回了几个字的短信，对他的长诗却只字不提。这使帕斯捷尔纳克很失望。10 月 10 日又给高尔基写了一封长信，信中写道："如果我达到了这个目的，您就会最快地告诉我，而且比任何人更好地告诉我。可是您一句话也没有提，显然我的努力失败了。再次热烈地感谢您的来信。谈及失败——声音难免不带某种悲伤。如果您认为最后几句话里有类似埋怨的话，那么您只能加重这种悲伤。"信刚发走，茨维塔耶娃的妹妹及其男友来拜访他，说他们刚从国外回来。前不久他们曾在意大利的别墅住过半个月。谈及高尔基对《1905 年》的意见，转达了一些高尔基的看法，那些意见可能是高尔基随随便便讲出来的一些初步意见。可是，敏感而脆弱的帕斯捷尔纳克听后，误以为高尔基不喜欢他的长诗，紧接着又给高尔基写了一封信，与前一封信只相隔了 3 天。从此以后，便拉开了同高尔基误会与矛盾的通信之旅。高尔基于 1927 年 11 月 7 日提出与帕斯捷尔纳克断绝书信来往，还对茨维塔耶娃的诗做了批评。

与此同时，帕斯捷尔纳克在同妻子的感情出现了巨大的裂缝时，也开始了同里尔克和茨维塔耶娃著名的“三角恋”。三位大诗人是在孤独中相互走近的。1926 年春，是里尔克生命的最后几个月，一生浪迹天涯的里尔克，终于隐居在瑞士的一个幽静的古堡中。严重的白血病，使他感到死亡的迫近。他在怨叹：“我这个人像折断的树枝。”就是在这种情形下，里尔克接到了茨维塔耶娃热情洋溢的信，并接受了女诗人的感情表白。可以说，茨维塔耶娃的信，是投向里尔克晚年生活的一束阳光，它无疑曾给里尔克带去一些激动，唤起过里尔克身上尚存的激情；十月革命后，对现实不理解的茨维塔耶娃感到苦闷。1922 年，她携女儿流亡国外，先柏林，后布拉格，最后随曾是白匪军军官的丈夫埃夫隆侨居巴黎。她眷恋祖国、眷恋俄罗斯的文化，可是却有家难回，于是只能在孤独中写诗和积蓄感情，并把这炽热的感情分别给了里尔克和帕斯捷尔纳克，因为她有太多的话、太多的情要与她所信赖的人分享。1926 年的帕斯捷尔纳克正处于家庭和创作的双重危机之中。在那个春天里的某一天，这位苦闷的诗人接连受到两次巨大的心灵震撼：一是读了茨维塔耶娃的长诗《终结之诗》,他终于意识到，还可以用另外一种方式写诗；二是从父亲的来信中他得知里尔克知道他的诗名，欣赏他的诗才，这使他明确了作为一个诗人继续存在的理由。受到震撼的帕斯捷尔纳克走到窗边哭了，在他的泪水中有走出孤独的欣喜。在此之后，他连续创作了长诗《1905 年》《施密特中尉》《斯彼克托尔斯基》和自传《安全保护证》等重要作品。因此，1926 年的通信，对于三位诗人都极有意义。这既不是一场争风吃醋的情场角逐，也不是一种消闲解闷的两性游戏，而是一种在相互敬慕基础上升华的柏拉图式的精神恋爱。

帕斯捷尔纳克与茨维塔耶娃相识虽早，但交谊并不深。他对茨维塔耶娃一直怀有一种钦佩交织爱恋的复杂感情，尤其是茨维塔耶娃自由奔放的天性，也深深吸引着生性谨慎的帕斯捷尔纳克。但直到茨维塔耶娃流亡国外之后，他才通过书信向茨维塔耶娃表达了爱慕。他深情地称茨维塔耶娃为他“生活的姐妹”，视她为自己“唯一的天空”，将他们之间的爱称作“初恋的初恋”，希望与她共享“高层次的生活”。他把茨维塔耶娃介绍给里尔克，同样也是出于对她的爱和尊敬。但他没有想到，在他拉着茨维塔耶娃共同膜拜精神的偶像时，里尔克却成了横亘在他和她之间的一个男人。这使帕斯捷尔纳克产生了一种淡淡的绝望，并将注意力转向了写作。虽然他没有埋怨里尔克，但却不再给里尔克写信，以一种沉默悄悄退出了爱情；里尔克则将爱情视为一种形而上的存在，他欲越过爱抵达某种“生存的饱满”。他对爱表现出的超脱，曾引起茨维塔耶娃的不满。听说帕斯捷尔纳克因为他与茨维塔耶娃的关系沉默了，他曾致信女诗人，为自己成了某种“障碍”而不安，并认为茨维塔耶娃对帕斯捷尔纳克“过于残酷”。茨维塔耶娃认为，真正的爱只可能是不可企及的神圣，因此她只钟情于遥远的、非实在的爱。她在致里尔克的信中说：“我不活在自己的唇上，吻了我的人将失去我。”“爱情只活在语言中。”她追求的爱，是一种“无手之抚，无唇之吻”。里尔克生前得到的来自茨维塔耶娃的最后一封信，是女诗人于 1926 年 11 月 7 日寄出的一张明信片。茨维塔耶娃写道：“你还爱我吗？”三人间的通信，最后结束在一个爱的疑问上。[①]

茨维塔耶娃是一个才华横溢而又非常多情的伟大的诗人。早在 1916 年 2 月就同俄罗斯另一位伟大的犹太诗人曼德尔施塔姆产生了爱情。但短短 4 个月，由于曼德尔施塔姆忍受不了她过于奔放和毫无节制的爱而离她而去。1931 年 2 月，当茨维塔耶娃得知帕斯捷尔纳克又爱上了别的女人后，在致女友的信中写道：“我同鲍利斯的协定已 8 年（1923 ~ 1931 年）：等到生命结合的那一天……我们真正的会面将会造成极大的痛苦（我和我

---

① [奥] 里尔克、[俄] 帕斯捷尔纳克、[俄] 茨维塔耶娃：《三诗人书简》，刘文飞译，中央编译出版社 1999 年版，第 8 ~ 14 页。

的家庭，他和他的家庭，我的怜悯和他的良心）。现在不会再见面。鲍利斯已和另外一个女人在一起，那个女人不是我——鲍利斯不是我的，他不过是俄罗斯优秀的诗人罢了。我马上放开手。”帕斯捷尔纳克的离婚和再婚，对茨维塔耶娃是当头一棒，因为8年来她一直将帕斯捷尔纳克当成真正的恋人和未来的丈夫，可现在他却背叛了她[①]。那么，帕斯捷尔纳克的内心究竟是什么样子？他爱上的另外一个女人又是谁呢？

1931年，帕斯捷尔纳克爱上了他的朋友钢琴家奈高兹的夫人季娜伊达。他把他们的关系告诉了卢里耶，卢里耶一气之下，把帕斯捷尔纳克赶出家门。后来，她为此感到后悔，她应当努力争取留住丈夫的心，而不是激化矛盾。从那时起，他们的家名存实亡。

从1921年底到1931年春，帕斯捷尔纳克与卢里耶在一起生活了近10年。他们的离婚双方都要负责，尤其是卢里耶。卢里耶不仅个性极强、事业心极强，而且不愿承担任何家务，这使帕斯捷尔纳克很伤心。即使是作为一名画家，她也很失败。虽然她非常敬业，甚至事业心胜过爱情，但展出作品的机会并不多。在大清洗的年代，她画过肖像的许多人物遭到镇压，编成画集的希

① 蓝英年：《历史的喘息》，中央编译出版社2005年版，第88～96页。

望成了泡影。苏联美术界的领导人只提倡现实主义的美术作品时，她的画风曾受到排斥，甚至连她本人也被美协开除会籍。这使她本人的心渐渐凉了，脾气也逐渐暴躁起来。

1931 年夏天的时候，帕斯捷尔纳克经常和哲学家阿斯穆斯夫妇以及音乐家奈高兹夫妇在郊外避暑。日久生情，阿斯穆斯的夫人爱上了帕斯捷尔纳克，而帕斯捷尔纳克却爱上了季娜伊达，尤其是帕斯捷尔纳克在欣赏奈高兹弹奏勃拉姆斯的间奏曲时，季娜伊达的精明与能干和对丈夫的照顾使帕斯捷尔纳克非常羡慕，因为长久以来，帕斯捷尔纳克就想找一个热爱劳动和善于管家的女人。一段时间，季娜伊达发现帕斯捷尔纳克总是有意无意地与她邂逅。有一次，季娜伊达到井口去打水，不慎将水桶掉在井里。帕斯捷尔纳克立刻出现在她面前，兴高采烈地用木杆帮助她把水桶提上来。他干得很有兴趣，很开心。之后，他就经常帮助她拾些枯树枝，并一捆捆送到她家里来。季娜伊达劝阻他再不要送了，帕斯捷尔纳克说，一个喜欢诗的人应当喜欢日常工作，因为在日常工作中孕育着诗的美。他又说，根据他的观察，季娜伊达是应该理解这一点的，因为他看到季娜伊达弹完钢琴后，怎样去收拾锅碗瓢盆，而且弄得诗意盎然。季娜伊达以为帕斯捷尔纳克故意用花言巧语来讨好她，显然有点不屑一顾的样子。帕斯捷尔纳克解释道，他的创作灵感大多源于日常生活，“日常生活是现实，诗也是现实，我想象不出诗可以随便捏造”。季娜伊达看到他真诚的面孔时，忽然觉得他很美。

令季娜伊达没想到的是，回到莫斯科的某一天，奈高兹慎重地对她说：“我们必须认真地谈一谈。鲍利斯来找我了，他说他爱上你了，而且这种爱情永远不会消失。他还说，他没有你——简直活不下去。”季娜伊达听后大笑不止，并建议以后少和帕斯捷尔纳克往来。奈高兹无可奈何地说：“恐怕难以办到，他会常来咱们家的。”果然不出所料，在很短的时间内，帕斯捷尔纳克和妻子离婚，季娜伊达架不住帕斯捷尔纳克的苦苦追求[①]，终于和心爱的丈夫分手，并同帕斯捷尔纳克结婚[②]。

季娜伊达离开奈高兹以后，这位钢琴家开始酗酒，日子过得一塌糊涂。季娜伊达闻讯后，请求奈高兹的父亲来看望儿子。奈高兹的父亲听说了这件事后，曾写信痛骂帕斯捷尔纳克：“我儿子说帕斯捷尔纳克是天才，本人深表怀疑，难道天才会是个该死的无赖？”所以，这次老人来莫斯科看望完儿子后，去看望孙子，

---

① 为了得到季娜伊达，帕斯捷尔纳克喝光了一瓶碘酒，差点送了命。

② 经过了两年多的风风雨雨，帕斯捷尔纳克同卢里耶离了婚，并于1933年8月21日正式同季娜伊达结了婚。考虑到她的两个儿子，保留了奈高兹的姓，她自己改姓帕斯捷尔纳克。

并见到了帕斯捷尔纳克。他们没说几句话，老人便对帕斯捷尔纳克产生好感。从此，这位年过九旬的老人，每天徒步来到帕斯捷尔纳克家，看望孙子，并与帕斯捷尔纳克聊天。

20 世纪 30 年代的苏联，实行了农村集体化，社会主义事业突飞猛进，但自杀的诗人却越来越多。继叶赛宁“自缢”身亡，他的一批崇拜者和情人也相继在坟前开枪自杀；紧接着青年诗人西洛夫被处决，“革命喉舌”诗人马雅可夫斯基也在自己的寓所开枪自杀，马雅可夫斯基的死对帕斯捷尔纳克震动很大[①]。他们曾是同学，帕斯捷尔纳克还狂热地崇拜过马雅可夫斯基。只要两人一坐到一起，四只眼睛相互凝视的时候，他们都会各自想着对方的作品。后来，另一位犹太作家爱伦堡在自传中提到了他们俩的关系：“我们曾开玩笑地说，马雅可夫斯基有一副专为女人们预备的第二嗓音。他当着我的面只同一个男人用这种极为柔和、温存的第二嗓音谈过话——那就是帕斯捷尔纳克。我记得，1921 年 3 月在出版之家举行过一次帕斯捷尔纳克的文学晚会，他亲自朗诵，后来一位年轻的女演员也朗读了他的诗作。在

---

① 帕斯捷尔纳克得到马雅可夫斯基的死讯后，迅速赶到了马雅可夫斯基的寓所，跪倒在这个既是朋友又是对手的人的遗体面前，失声痛哭。此后一段时间，也许同离婚给他造成的伤害有关，他的精神差点失常——常常夜里失眠，动不动就哭，经常提到死。

讨论的时候，有个人竟敢于像我们现在所说的那样指出鲍利斯的缺点。当时马雅可夫斯基挺身而出，开始振振有词地称赞鲍利斯的诗；他用狂热的爱来保护他……帕斯捷尔纳克在《许可通行证》(1930) 里谈到战争前夜、战争期间以及革命后最初几年里他对马雅可夫斯基的态度：'我已被他弄得神魂颠倒'，'我盲目崇拜他'，'马雅可夫斯基是诗的命运的巅峰'，'当我第一次像同一个陌生人那样同我爱戴的人谈话的时候，我感到十分高兴(在一次小小的争执之后)'，'我以加倍的力量感觉到马雅可夫斯基的存在。他一如我们第一次见面时那样生气勃勃地出现在我的面前'。" ①

1935 年 6 月 21 ~ 25 日，当法西斯乌云聚拢在欧洲上空地时候，国际作家保卫文化大会在巴黎召开。苏联派出了爱伦堡、阿·托尔斯泰等人为代表的文化代表团前去巴黎，帕斯捷尔纳克和巴别尔作为增派人员也紧急前往。大会开幕后，大会邀请帕斯捷尔纳克发言，他将自己的一份发言草稿送给爱伦堡过目。爱伦堡一看，其中主要谈的是自己最近患的失眠症和精神衰弱等，只有结尾几句才提到诗歌。爱伦堡把草稿撕了，让他主要谈谈对诗歌的看法。大会闭幕的前一天，帕斯捷尔纳

① [俄] 爱伦堡：《人·岁月·生活》，冯南江等译，海南出版社 1999 年版，第 269 页。

克拖着不利落的腿登上讲坛，用法文朗诵了自己的一首诗《人人如此开始》，结果获得经久不息的掌声。后来，爱伦堡在回忆录中提到了这次大会："帕斯捷尔纳克曾气恼地说他不想去，他不会演说。他在一个简短的演说中说，诗歌无须到天上寻找，要善于弯腰，诗歌在草地上。"保罗·艾吕雅有一次曾说："诗人应该是一个孩子，即使自己白发苍苍、血管硬化。""帕斯捷尔纳克身上就有一种稚气。他那看来天真幼稚的见解正是一个诗人的见解，他曾这样谈到一个作者：'当他是坏人的时候，他怎么可能是优秀的诗人……'他初次看到巴黎时曾感叹道:'这不像一座城市，这完全是一幅风景画……'他曾说：'描写春天的早晨很容易，谁也不需要它，但是要做一个像春天的早晨那么朴实、明朗而又意外的人，——这却太难了……'[①]"帕斯捷尔纳克有两句诗表达的正是这个意思：

这时艺术便奄奄一息，
只有土地和命运还在呼吸。

在那个黑色的岁月里，不时传来诗人自杀或失踪的

---

① [俄] 爱伦堡：《人·岁月·生活》，冯南江等译，海南出版社1999年版，第267～271页。

消息。1934 年 5 月 13 日深夜，曼德尔施塔姆被捕，这个消息使帕斯捷尔纳克很震惊。“是不是因为他的古怪和对人的尖酸刻薄？还是因为他打了阿 · 托尔斯泰一个耳光？一个犹太人居然敢打俄罗斯的大作家？还是因为他是一个犹太人？”许多人在猜度曼德尔施塔姆被捕的原因。知道底细的朋友告诉他，可能是因为曼德尔施塔姆写了一首影射斯大林的诗：

我们活着，感不到国家的存在，
我们说话，声音传不到十步外，
哪里只要一听到悄悄的话音，
就让你想起克里姆林宫山民。
他那粗大手指肥壮如青虫，
他的话有一普特秤砣那么重，
一双蟑螂眼睛露出盈盈笑意，
两只靴筒闪耀着光彩熠熠。
细脖子头头们对他众星拱月，
半人半妖的怪物任他戏弄取乐，
有的吱吱，有的咪咪或抽泣，
就让他一个人厉声粗气地称呼“你”
他送人的指令像连连钉马蹄铁掌——
朝大腿，朝脑门，朝眉心或眼眶，

每判定一次死刑，他感到欢欣，
总要挺挺奥塞梯人特有的宽胸。[①]

帕斯捷尔纳克同曼德尔施塔姆的关系并不密切，主要是他崇拜曼德尔施塔姆的诗才，或许是同为犹太人的同情，他闻讯后，马上跑到《消息报》找另一个犹太人布哈林，恳请他向斯大林说情。布哈林立即给斯大林写了一封信，在信尾提到帕斯捷尔纳克同样不安。过了几天，帕斯捷尔纳克突然接到了斯大林打来的电话。他接电话是在公共走廊，声音很嘈杂，听不清话筒里的声音，便抱怨起来。斯大林用带着格鲁吉亚人腔调的俄语问候两句后，直截了当地告诉他，说曼德尔施塔姆案正在审理中，一切都会顺利。然后，他突然问道："您为什么不为此事去找苏联作协或我本人？"接着又说："如果我是一个诗人，我的诗友落难，我也会奋不顾身地营救他……[②]"曼德尔施塔姆果然很快被释放了，流放到一个小城市。第二年，女诗人阿赫马托娃的丈夫与儿子又被捕了，也来找到他，帕斯捷尔纳克再一次给斯大林写信，她的丈夫蒲宁和儿子很快就被释放了。后来，他从阿赫

① 蓝英年：《寻墓者说》，汉语大词典出版社 1998 年版，第 157 ~ 158 页。

② 高莽：《帕斯捷尔纳克——历尽沧桑的诗人》，长春出版社 1999 年版，第 131 ~ 134 页。

马托娃口中得知了蒲宁被释放的经过：那天夜里，又把他叫醒，他以为又是提审，可是看管人员告诉他获释了。他一下子愣住了，心想现在是深夜，市内电车也停发了，怎么回家呀？他说："让我在这里过夜吧？"看守斩钉截铁地回答道："这里又不是旅馆。"紧接着，他的好友皮里尼亚克失踪了，诗人亚什维里自杀了，布哈林也于1937年2月27日被捕了，但帕斯捷尔纳克却无能为力了。但是，最体现他人格境界的另一件事，是他拒绝了作协组织的一次要求处决三位将军的签名活动，这使他同苏联作协的关系基本终结。而这一切心灵的隐痛，最后变成一部巨著——《日瓦戈医生》。

就在帕斯捷尔纳克开始写作《日瓦戈医生》的初期，一位年轻貌美聪慧的少妇成了他的红颜知己。这位少妇崇拜他，为他带来了无穷的欢乐、灵感和帮助，成为他事业的助手，甚至成为《日瓦戈医生》的主角拉拉的原型；这位少妇也给他增加了心理负担，使他不得不奔波于两个家之间。在他们几十年的交往中，既不能正式地结合堂堂正正地生活，也不能果断地分手各自为家庭负责。他们的故事，宛若一段精彩的小说，可悲可叹，令人欲说还休。

这位少妇名叫伊温斯卡娅，曾是《新世界》杂志的女编辑。他们相识的初期，正是帕斯捷尔纳克的妻子季娜伊达整天忙于社会活动，而作协领导法捷耶夫和苏尔科夫批判帕斯捷尔纳克的时候，这使帕斯捷尔纳克倍感孤独无助，伊温斯卡娅一下子就成了他的知心人，她的抚爱和体贴使他的精神获得了巨大的安慰。否则，帕斯捷尔纳克很难写完《日瓦戈医生》。他们热恋的时候，邻居家的电话和女主人成了他们的恩赐，每天楼下的女主人都要气喘吁吁地爬上楼来，喊她去接电话。电话次数太多了，楼下的女主人不愿再跑了，索性用敲打暖气管代替呼唤。他们有说不完的知心话，他常常为她一个人朗诵自己新写的诗。帕斯捷尔纳克是个多情的人，渴望得到女人的爱。而伊温斯卡娅是一位经受种种苦难的女人，需要生活的温暖。她对诗的理解深深打动了帕斯捷尔纳克的心。

1949年10月9日，秘密警察逮捕了伊温斯卡娅，罪名是她伙同《星火画报》副主编奥西波夫伪造委托书。帕斯捷尔纳克明白伊温斯卡娅与此事无关，逮捕她的目的是为了恫吓自己，迫使他放弃《日瓦戈医生》的创作。他无力拯救自己心爱的人，除了悲愤和思念外，把所有精力都投入到小说创作中。他被传唤到警察局，民警把从伊温斯卡娅家中抄出的他的诗集退还给他。帕斯捷尔纳克拒绝领取，声明诗集是赠给伊温斯卡娅的，已不属于他，应归还原主。帕斯捷尔纳克的倔强态度使监狱里的伊温斯卡娅受罪更大。审讯员对她连轴审讯，让耀眼的灯通宵对着她的眼睛，不让她睡觉，一直折磨她三天三夜，逼她交代“犹太佬”的反苏言行。帕斯捷尔纳克是犹太人，审讯员都管他叫“犹太佬”。为了压下她的“气焰”，审讯员把她关进太平间，暗示帕斯捷尔纳克已死，她还顶什么？伊温斯卡娅一人在十几具蒙着白布的尸体之间并不害怕，一一揭开白布，发现没有自己的爱人，反而增加了对抗的勇气。这时，审讯员发现她怀有身孕，不再审讯她，把她送入波季马劳改营。她同其他女劳改犯用铁镐刨地时流产了，这是她和帕斯捷尔纳克的孩子。伊温斯卡娅在劳改营里关了5年，1953年才被释放。伊温斯卡娅在劳改营期间，帕斯捷尔纳克无法同她联系，每次忆起他们在一起的情景便痛不欲生，写了不少思念她、赞美她的诗：

我们常无言对坐到深夜，
你埋头女红我手捧书本，
直到天明我们竟未发觉，
记不清何时才停止接吻。

当生活陷入烦恼与痛苦，
你为我阻拦了绝望之路，

你的美就在于勇气十足，
就是它把你我牢牢系住。

伊温斯卡娅释放后，帕斯捷尔纳克急于见她又怕见她，5年的折磨不知会把人变成什么样。帕斯捷尔纳克见到伊温斯卡娅后惊喜万分，劳改非但未摧毁她的精神，也未改变她的容颜，依然楚楚动人。他们的关系更加密切，伊温斯卡娅不仅是帕斯捷尔纳克温柔的情人，还是他事业的坚决支持者。从此，帕斯捷尔纳克的一切出版事宜皆由伊温斯卡娅承担。这是帕斯捷尔纳克的妻子无法胜任的。帕斯捷尔纳克对两个女人的态度同日瓦戈医生对妻子东尼娅和拉拉的态度一样，对妻子深感内疚，下不了决心同她离异，因此也无法同伊温斯卡娅正式结合。他们不是因为不爱，而是因为太爱，但帕斯捷尔纳克又解决不了家庭问题。

1960年4月的一天，帕斯捷尔纳克在过完70岁寿辰以后两个月，突然病倒了。伊温斯卡娅去他家探望，被他妻子拒之门外。帕斯捷尔纳克有时请探视的人给伊温斯卡娅捎个口信或带个便条，伊温斯卡娅也托人给帕斯捷尔纳克送去她的信。有时候，几天得不到帕斯捷尔纳克的消息，伊温斯卡娅便每天站在路口等候换班的护士，向她们打听帕斯捷尔纳克的病情。《日瓦戈医生》

事件严重挫伤了他的健康与精神，导致了他癌症的发展。他正在写的剧本《盲美人》也只能断断续续地完成。他的病情一天比一天重，心电图显示他患的是心肌梗塞。季娜伊达把医生请到家里来。她默默承担了全部繁重的家务，当精神负担过重时，她就用加倍的体力劳动来克制内心的痛楚。

帕斯捷尔纳克在病中回顾自己所走过的路，什么大灾大难都挺过来了，这难道就是犹太人在这个国家所应忍受的生活吗？为什么犹太人总遭人嫉恨？难道他们通过辛勤的劳动和艰苦奋斗之后就不应该享受其他俄罗斯人所享受的一切吗？如果不是生活中的这些遭遇，他也不会想到作为一个犹太人的命运。他想起了父亲曾给母亲的一封信："当你看到犹太人中间的惊慌时，简直不想工作。大家不得不时刻准备明天就离开自己和家人住了几十年的老窝。让这些不幸的人们到哪儿去呢？惨不忍睹！昨天我在波列诺夫家中遇到了列维坦，我们俩在城里游荡了大半天，我们反复哼着那一支凄凉的曲调：关于犹太人的特殊状况和他们不堪期待的未来。"列维坦是著名的油画家，犹太人，他父亲的好友。他的风景画如诗一般令人神往，同样感受到某些人对他的歧视。

他还记得在上中学时，因自己的犹太出身，被迫推迟一年，因为学校对犹太子女的入学有名额的限制。他还想起了因《日瓦戈医生》遭受辱骂的日子，在苏联作协门口示威的场面。“犹太鬼帕斯捷尔纳克滚出来！”“帕斯捷尔纳克是犹大！”“帕斯捷尔纳克收了三十个银币，出卖了自己的灵魂！”等标语和口号，心头阵阵酸楚。

最可怜的人是伊温斯卡娅。帕斯捷尔纳克的家人不放她进医院，还时常数落她，甚至把她叫作“祸水”。她只好天天守在大门口，向进进出出的人打听帕斯捷尔纳克的病情。但季娜伊达有时也有心软的时候，想让他们见上一面，便问帕斯捷尔纳克。但帕斯捷尔纳克摇了摇头，并用一种哀婉的声音对妻子说:“亲爱的季娜伊达，请你原谅我！我一直让你照顾我，把你折磨苦了。不过，很快就不麻烦你了！”帕斯捷尔纳克不想见任何人。他说：“我谁都爱，但我已经不存在了，存在的仅仅是腹内与肺内的混乱，而混乱是无法爱任何人的。”他的头脑有时会清醒，清醒时就向护士人员表示歉意，并向家里人打听许多朋友的情况。有一次，一位外国朋友带来了很大一捧郁金香。帕斯捷尔纳克要求不要把花摆在屋里。他从来不采花，更不喜欢把鲜花插在瓶中，他喜欢鲜花开在花园里和土地上，在大自然中散发芬芳。他望着窗外的一片樱花树、丁香树和苹果树，喃喃自语道:“它们什么时候开花呀？”也许他想到了春暖花开的季节，渴望着大地的解冻和美的萌生。此外，他对护理人员也非常友好，劝他们要按时用餐，夜里穿得暖和些。

有一次，帕斯捷尔纳克突然提出要神甫到家中为他做安魂弥撒。是的,他是一名犹太人,出生后曾做过洗礼，临终时怎能不做安魂弥撒？1960 年 5 月 30 日，这位伟大而自由的灵魂终于走了。他的遗体从卧室移到放钢琴的音乐室里，身上穿着父亲当年赠给他的西装。这是他最爱的一套西服，也是他唯一一套像样的“礼服”。

1960 年 6 月 1 日，《文学与生活报》刊出一条消息：

苏联文学基金会理事会通告：本会会员、作家帕斯捷尔纳克，长期重病之后去世。

他的诗歌爱好者们在作家村贴出讣告，警察揭掉后又重新贴上。帕斯捷尔纳克下葬的那天，成千上万的人到他的住宅前告别。季娜伊达不准伊温斯卡娅同他告别，伊温斯卡娅只好在门前站了一夜，并在人群后面远远望着徐徐向前移动的灵柩。此时她五内俱焚，晕倒在地。

但令人们万万没想到的是，帕斯捷尔纳克去世后，伊温斯卡娅遭受了更大的磨难。她同 20 岁的女儿同时被捕，罪名是向国外传递《日瓦戈医生》的手稿并领取巨额稿酬，被判处 8 年徒刑。这纯粹是欲加之罪。

赫鲁晓夫下台后，伊温斯卡娅被释放了，后在 1988

年给予平反。伊温斯卡娅同帕斯捷尔纳克相爱 14 年，生前出版了一部回忆录，名为《时间的俘虏》。她回顾自己的一生时说："生活对我一点也不慈悲。可是我不抱怨，因为生活给了我爱。"书名取自帕斯捷尔纳克的一首诗《夜》的最后一节：

别睡，别睡，艺术家，
不要被梦魔缠住，
你是永远的人质，
你是时间的俘虏。

十三、“股市教授”科斯托拉尼的智慧人生

在投资领域，科斯托拉尼被称为“20世纪股市的见证人”和金融史上最成功的投资者之一，甚至有人将他誉为“证券教父”和“欧洲的沃伦·巴菲特”。科斯托拉尼虽然没有像巴菲特那么有钱，但是却有“股市教授”之称。他说：“我是投机人士，始终如一。”他不仅对金融商品和证券市场的一切了如指掌，而且终身都在钻研、思考和解读人生的哲学与股票投资的精髓，并写出了《一个投机者的告白》《这就是证券市场》《美元在干什么》等13部风靡全世界的股市专著，发行量高达300万册。此外，当他35岁时就赚得了足以养老的财富，但过人的精力使他不甘寂寞，转而成为德国最著名的财经杂志《资本》的专栏作家，持续25年没有中断[①]。

① 科斯托拉尼生于1906年，1999年9月14日在巴黎逝世，享年93岁。他生前最大的愿望是能够为2000年1月的那期《资本》杂志再写一篇专栏文章。他曾用他那富于幽默的方式说道：“《资本》给了我保障，但谁来保障资本呢？”

20世纪70年代，他开始在德国和世界各大都市的咖啡馆中开办股票培训班，不断地教导青年朋友：要想在股市上取得成功，不是靠计算，而是靠思想，用脑子思想。上至王孙贵族，下至贩夫走卒，有数万名“学生”聆听了他的讲座。他虽然不是某一所固定大学的教授，却是全欧洲几乎所有著名大学的客座教授。他给年轻父母最明智的建议就是：“与其到股市投资，还不如给孩子身上投资。”他最著名的建议，就是要投资者买下各种绩优股，然后到药店买上安眠药睡上几年，从睡梦中醒来后必将惊喜连连。

在之后的35年，他做过无数场报告，并在电视上频频露面。不论是在达沃斯经济年会上出现，还是在世界银行、电话交易所和哈罗德·施密特主持的电视节目中出现，他始终都是一位幽默机智的勇敢斗士。他认为自己精力充沛的秘诀就是每天都在进行“精神体操”，虽然坐飞机或火车以及登台演讲对他来说越来越困难，但是这位“老先生”从来不坐在主办者为他准备的沙发椅上，只要他把两只手牢牢地撑在讲台上，接下来便会有1小时到1个半小时紧张而又诙谐幽默的演讲，而且掌声不断[①]。他在每次报告开始都说：“要想从我这里得

① 他在世界各地演讲，有人问他：“你讲什么语言？”他的回答是：“在祈祷的时候，我和仁慈的上帝讲匈牙利语；与年轻的同事和朋友讲法语；与我的学生朋友们讲德语；同银行打交道时讲英语。”

到重要的建议，将会使你失望。如果有什么建议的话，那我不过是要告诉大家，股市只是银行或利益集团企图向公众兜售某种股票罢了……”①

科斯托拉尼从1917年开始就一直与金钱和交易所打交道，但他却不是一个实利主义者。通过思考证明自己是正确的，这带给他快乐。他自信地称自己为投机者。对他来说，投机是一种智力挑战。他与金钱保持着一段安全的距离，在他看来，这是成为一个成功投机者的首要前提。科斯托拉尼既不吝啬，也不挥霍炫耀钱财。金钱对他来说只是达到目的的手段。他被纳粹迫害逃出巴黎时是金钱给了他帮助，是金钱给了他最好的医疗保证，特别是在生命的最后几个月，他更看重这一点；是金钱使他能过舒适的生活。如果一场戏剧或音乐会特别令他着迷，他就会坐飞机去米兰斯卡拉剧院过通宵。但是能省钱的地方他还是尽可能地省。因此，他经常会把一些讲座举办者送给他的一等机票换成二等经济票，这样他就可以省下钱为自己的私事买飞机票了。他总是说，反正他太瘦了，太宽的位子也坐不满。

但世界公民科斯托拉尼首先享受到的是给他带来财富的经济上的自主权。这种自主权对他来说是除了健康

① 科斯托拉尼自己曾揭示过演讲成功的秘诀：“我不是在授课，我只是在对学生讲故事罢了。”

以外最重要的财富和最大的奢侈品：一种想做什么就做什么、想说什么就说什么的自主权，同时也是一种不必做自己不愿做的、不必说自己不愿说的自主权。他先后在 20 世纪 70 年代和 IOS 假基金做斗争，80 年代和金元院外活动集团做斗争，90 年代对联邦银行和新市场做斗争。不管他进行什么斗争，他总是一位“因信仰犯法者”。他的一些批评者认为他树敌是为了提高自己的知名度，其实这种猜想是错误的。即使是在一般的谈话中，他也会为了自己的信仰跟人进行激烈的争论，就像他在他的专栏和报告中一贯表现的那样。一个女记者问他是否想回到 20 岁，他回答说：“20 岁？你在开玩笑吧！我想变成 80 岁，这样的话，我还会有 10 年时间跟联邦银行做斗争。”

科斯托拉尼早在奥斯卡 · 拉封丹之前就说过，“我的心在左边跳动”，但是这句话还没完，“当然我的头脑是向右转的，并且我的钱包早就在美国了”。数十年的交易所经验告诉他，在经济中，实践和理论相距是很远的[①]。

后来，他在《未来的收支平衡表》一书的导论中承认，他已经有几年不去交易所了。因为他害怕上帝会在那儿发现他，并想：“怎么那个老家伙一直还在那儿？他应

① ［匈］安德烈 · 科斯托拉尼：《大投机家》，何宁译，海南出版社、三环出版社 2006 年版，《序言》第 3 ～ 4 页。

该上来了，我这儿也非常需要他。他的老朋友早就等着他了，他的固定餐桌边的位子还空着。”但是不论上帝何时把他带走，只要他能听到他的朋友、学生和读者说“这位科斯托拉尼当然是正确的”，那么他将会感到很幸福。

其实，科斯托拉尼不光是幸福的，还是浪漫的。正如《浪漫的投机家》一诗所言：

他爱钱，他也会赚钱；
他热衷投机，他也赞成投资；
他善于积累财富，他也擅长使用财富；
他喜欢女人，他也能吸引女人。

他身处股市之中，却能超然于股市之外；
他研究资讯，却更关注人的心理；
他渴望牛市，却精于熊市；
他相信理论，却更迷信经验。

他行走江湖中，却不带江湖气；
他与金钱为伍，却不带铜臭味；
他享受生活，却不流于世俗。
他就是他——科斯托拉尼，一位集财富、
名声、优雅和温情于一身的犹太人，一个

洞悉股市心理的证券大师和大投机家。

“我的鼻子就是我的城堡”

安德烈·科斯托拉尼于1906年生于匈牙利一个富裕的犹太中产阶级家庭，他的父亲是一个酒厂的老板，专门生产健胃苦味酒。他的母亲爱好音乐，具有真诚而高尚的思想，她没有将绘画与写作的天赋用在穿衣打扮上，而是把一生的精力都投入到养育4个孩子上。正如歌德所说：“从父亲那里，我得到立身处世的躯体；从母亲那里，我得到乐观的性格与荒诞不经的兴趣。”[①]

由于反犹主义的出现，在科斯托拉尼出生之前，他的父母都已受洗改信天主教，他一出生就成为一名天主教徒。但是，从根本上说，他们还是“犹太人”[②]，尤其是二战期间，他们全家被迫躲在防空洞里，在枪林弹雨和重重包围中侥幸挺了过来。在当时的布达佩斯，犹太教起着举足轻重的作用，50万匈牙利犹太人有30万住在布达佩斯，所以布达佩斯是一个犹太味道很浓的城市，

① [匈] 安德烈·科斯托拉尼：《大投机家的证券心理学》，林琼娟译，重庆出版集团重庆出版社2007年版，第1～6页。

② 根据希特勒颁布的《纽伦堡法》的规定，凡祖父或祖母有一方是犹太人者即为犹太人，并将犹太人分为3/4犹太人、1/2犹太人和1/4犹太人，并实行严厉的反犹政策。

有人称之为“犹达佩斯”。许多犹太人受同化变成了天主教徒或基督教徒，但彼此可以宽容并友好相处。因此匈牙利产生了许多诺贝尔奖获得者，但大多是犹太人[1]。老科斯托拉尼是一个议会成员，同各个教派的人广泛接触，在文化上兼容并蓄。二战前，科斯托拉尼从来也没觉得自己是个犹太人，但到希特勒掌权后，发生了像“奥斯维辛”等那么多恐怖的事件后，他就彻底变成了一个犹太人，而且一提到“希特勒”三个字，就会感觉到一股冷风从房间里袭来。[2]

科斯托拉尼的父母亲非常和睦相爱，科斯托拉尼这样回忆道：

---

① 诺贝尔奖得主西拉德、维格纳、费曼，“计算机之父”冯·诺伊曼，“数学奇才”保罗·爱多士，科学奇才冯·卡门，经济学家豪尔绍尼等都是匈牙利犹太人，“氢弹之父”爱德华·特勒则是科斯托拉尼儿时的小伙伴。

② 后来科斯托拉尼在《我的犹太遗产》一文中写道：“对于希特勒来说，诋毁犹太民族是一件很简单的事，他把犹太人当成投机分子，而部分犹太人的确也是。犹太人从事金钱交易是因为他们不被允许从事其他行业，因此他们独占这个行业有很长一段时间，子承父业，如此资产便一直延续下去。很多犹太人因为某些渴望，离开了散居在各处的犹太人，不只在财务金融上，还在数学、物理以及音乐等各领域中开创了一番大事业。”

有一个故事，最能说明他的豁达与乐观。那时，我姐姐总是在中午休息时到防空洞里来，告诉他们布达佩斯来的最新消息。

一天夜里，我妈妈最喜欢的外甥女，我的表妹伊丽莎白突然患重病夭折了。我姐姐本想把这个消息婉转地告诉母亲：

“很遗憾，妈妈，伊丽莎白得了重病。”她说道。

“噢！圣母玛丽亚！”我母亲大叫起来。

“那又怕什么？”我父亲喃喃地说，“她很快就会好起来的。”

“不过，她病得特别严重。”姐姐坚持说。

“送到医生那儿，不出几周就会痊愈的。”父亲大叫着。

“医生已放弃了。”姐姐黯然神伤地说。

“上帝呀！我的上帝！”我的母亲无助地自言自语。

“这没什么的。”我父亲安慰着她，“我有个做医生的朋友默勒，他有回天之术，常有些眼看着没了救的病人被送到他那里；不过，这会儿，他去吃午饭了。”

面对被不幸的消息愁得不知所措的双亲，我的姐姐不忍再绕来绕去，只好如实招来："其实，你们该得到真实的消息，伊丽莎白，她昨天夜里已经死了。"我的父亲却只是喃喃地说："她已经死了，现在，我们也无能为力了……"这样一来，这场争辩也就偃旗息鼓了。

还有，是在他临去世之前。他已87岁高龄，在苏黎世，患肺炎，躺在病床上，他还在让我递给他鱼子酱和酒。我感到他在好转，第二天又返回了巴黎，因为他的确看起来好些了。就在他闭眼之前不久，护士小姐走进来，问他："您怎么样，科斯托拉尼先生？"他面带微笑，声音洪亮地说："很好，可爱的小姐。"我母亲心里却早有了预感，她说："有漂亮的小姐在眼前让你赏心悦目，这会让你马上好起来的。"就在那天，我接到了我姐姐的电报，父亲去世了[①]。

正是在这种文化背景的熏陶下，科斯托拉尼一直是一个开朗乐观的人，他到了85岁时，还认为自己的人

① [匈] 安德烈·科斯托拉尼等：《大投机家》(2)，邓小红等译，海南出版社2007年版，第5～7页。

生才刚开始，“还有很多时间可以变老”[1]。其实，他从十几岁就开始了自己的金融生涯：那还是在布达佩斯的童年时代，当时匈牙利的粮食交易市场非常活跃，是欧洲的面粉、玉米和燕麦的主要产地。因此，人人都在关注粮食的行情，而影响市场涨跌的一个主要因素则是天气——干旱破坏收成，喜雨增加产量。连军队也焦虑不安，因为那时燕麦扮演着相当于汽油在现代军队中的角色。与此同时，伴随着这种气象痛苦还有一份新的忧虑：一场匈牙利国家队对外国队的足球赛即将举行。这对于热爱体育的人来说，宛如一个隆重的节日。而对于年少的科斯托拉尼来说，更是天大的新鲜事，这是他平生第一次看真正的足球赛，因此倍加激动。整个上午空中乌云翻滚，父亲和他都有些焦躁不安。在约定的时间和地点，他们和叔叔碰面了，一会儿，下起了瓢泼大雨，球赛取消，叔叔更加激动：“真是太好了，大雨带来了运气，交易所里的燕麦就会跌价，我盼望已久！”这就是一场足球赛的代价，同时也是小科斯托拉尼对股票交易所的人生第一印象。

---

① 他在一篇文章中回忆说，回顾自己的大半辈子，究竟得到了什么，自己满足吗？“我不是任何人的主人，也不是任何人的仆人。”这就是他自认为自己的成就。他平生只有一个愿望，那就是获得经济与思想上的独立，这个愿望已经实现了。

在科斯托拉尼心中的另一个印象是，在第一次世界大战爆发前，在银行实习的哥哥进行的一桩酒椰叶投机交易。当时战争的火药味让酒椰叶的行情暴涨，随着价格的波动，他哥哥的脸色一天比一天难看，在银行的催逼下，差一点自杀。这再一次成为科斯托拉尼生活和投机的警告。后来，他进入了布达佩斯大学学习哲学和艺术史。一次在他父亲的好友亚历山大的建议下，他父亲决定送他去巴黎学习金融，开始了他生命旅程中的第一个起点。

科斯托拉尼在股市交易的亲身体验正式开始于 1919 年。那时，他们举家迁往维也纳，13 岁的科斯托拉尼便在股市开始了外汇生意，他把一种货币换成另一种货币，波兰的马克、捷克的克朗、南斯拉夫的第纳尔，小科斯托拉尼乐此不疲，成了一个彻底的倒卖外汇的小生意人。用他自己的话说，他很早就对“外汇”的理解超过那些所谓的金融专家，因为他在金融市场上两次成为百万富翁，又两次破产。当然，他的成长除了很早就开始的实践活动以外，还和父母的教育方式是分不开的。他第一次挨打的经历发生在家里，小科斯托拉尼一家要去外面野餐，他对保姆说“给我水”，而没有说“请”，父亲给了他一耳光。第二次挨打发生在他在巴黎进修之后，1927 年，他结束了在金融家亚历山大身边实习的日子后，开始在一家证券交易公司工作。半年后，在假期他回到了布达佩斯，恰好在股市交易所碰到了让他的上司赔了几千法郎的一个股东，正准备上前寻衅时，挨了父亲的另一个耳光。这两个耳光深深地留在了科斯托拉尼的记忆中，伴着他成长。

那个时候，通货膨胀伤害了每一个人。一条裤子，早晨卖 1 万马克，晚上就卖 5 万马克。科斯托拉尼的父亲很有预见性，在他独自出去旅行的时候，给了他一张面额为 500 的美元，并严肃地警告他，一天只能兑换 1 美元，因为货币的价格每时每刻都会发生变化，而美元一周的利息就是 20%。那时有这样一个笑话：人们出门不坐电车，只坐出租车。因为电车是一上车就交钱，而出租车是下车才交钱。正是这样的经济形势，锻炼了科斯托拉尼对金融市场的早期认识。正如他后来写道："炒股的人以他的经验、思考和感觉为主。英格兰人说：'我的家就是我的城堡。'而炒股人的发明是：'我的鼻子就是我的城堡。'"

"发热的头脑需要冷静一下"

二战爆发时，科斯托拉尼买了一辆非常帅气的汽车，准备离开巴黎。他把 10 法郎藏在一条特殊的皮带里，还随身携带了200美元和小面额的20万法郎的现钞。在此前，一个俄罗斯人曾给他讲过自己的避难经历：他们全家来到一条大河前，没有桥只有小型渡船，他母亲只好把沉甸甸的戒指给了船夫，这是一颗很纯的钻戒，足有5克拉重。她当然更想拿一个1克拉的戒指作为渡船费，但又不能把5克拉的钻戒像分现钞那样分隔开来。科斯托拉尼从这个故事中得到启发，随身携带了很多小面额的钞票[①]。当时的巴黎挤满了成千上万的难民，加油站也是按量供应。科斯托拉尼带足了钱，对收银员说："我给你双倍的价钱，卖给我10公升。"等10公升注入油箱后，他又说："我给你3倍的价钱，你再卖给我10公升。"在那个时代，人们早已忘记了道义和良心，金钱为犹太人换来了生存空间。无论是加油，还是登记旅馆，用金钱敲门没有不开的。

在逃难过程中，必须将装在口袋里的10万法郎花出去，否则法郎很可能要贬值。所以，科斯托拉尼就尽量买那些既贵、又保值、又容易随身携带的东西，他买的一些古老的公文包，不仅未赔钱，二战后还涨了价，变成了古董。在美国大使馆的签证窗口，科斯托拉尼遇到了罗斯柴尔德家族的一名成员巴龙先生。巴龙先生交

① 看来犹太人并不是天生就聪明，完全是磨难和生活逼出来的。这个故事就是一个明证。

上了自己的护照，领事打开他的护照的时候，发现里面夹着两张100美元的钞票。没想到，领事直接就拒绝了他："巴龙先生，我不仅不能给您签证，而且您再也不可能得到去美国的签证了。"尽管金钱是万能的，但这位罗斯柴尔德先生做梦也没想到，美国领事是不能接受贿赂的。在美国，人们能拿钱买到法官和政客的职位，但领事却是个例外。于是，这位拥有2.77亿英镑的巴龙·罗斯柴尔德先生只好去了加拿大。庆幸的是，科斯托拉尼得到了美国的签证。关于在美国的经历，科斯托拉尼讲了这样两个故事：

一艘载满欧洲难民的船从墨西哥开往美国，其中有一个匈牙利的犹太青年和一个德国女青年，他们尚未结婚；但是作为一对情侣，他们在一个船舱居住。男青年是宝石匠，所以总是随身携带着一些宝石，一有机会就拿出来兜售。很快，我从他那儿买了几个放在袖口上做装饰用的纽扣。当船停在大西洋岸边的时候，墨西哥政府宣布不接受犹太难民，他们的签证作废，这艘船必须驶回德国占领区——也就是难民营。总统夫人埃利诺·罗斯福开始干预此事，她上书美国议会，要求允许船只在美国靠岸，而且不管船上的乘客有没有签证都可以上岸。乘客踏上美国土地以后向移民局蜂拥而来，排成了长队；在人群之中也有那个匈牙利的小伙子，就是那个宝石匠，他叫德施费。因为我听见他大声地喊："德施费，生于匈牙利，犹太人，珠宝商，355 号舱，身体健康，一切正常。"他顺利地通过了审查，得到了移民许可。然后是其他的乘客申报，过了一会儿就是一位女士，我听见有人说道："出生在德国，雅利安人，就这么多吧，355 舱。"办事员说："355 舱我已经受理过了！把他叫回来，你们是在同一个舱里吗？""是的，"德施费回答说，"我们是一对儿，是生活伴侣。"那个办事员紧张地眨着眼说："那好吧，不过不是在美国，我要把您的手续退回去！你们就可以在船上马上结婚，然后再来办手续。"这一对年轻人感觉清教徒式的美国的一切都是这么井井有条，所以他们再也不想回来了。

第二个故事是关于一个有良知的霍尼家的故事。他们是罗马尼亚的特兰西瓦尼亚人，夫妻俩和一对儿女。他们向美国移民局递交了永久居住申请，为的是得到生活在这里的合法身份。

他们必须到华盛顿的其中一家法院去面谈，说明自己留下来的理由，必须准时出席。当时的场面令霍尼家的人很激动，但法官只问了一些常规性的问题："您如何看待美国？您为什么愿意生活在美国？"等。父亲霍尼首先做了回答，然后是母亲、女儿，一切正常顺利，霍尼一家眼看就要大功告成了。轮到儿子说的时候，有意思的事出现了。"您认为美国怎么样？您为什么愿意留在美国生活？"法官问他。这位年轻人回答道："我觉得美国最糟糕了。只是因为我爸爸来了，我才跟着来了。我根本就不想在美国生活。这里没有民主，这里有令人恐怖的法西斯主义。走吧，走吧，赶快走，越快越好，我憎恨美国。"法官们听愣了。法庭的工作人员让家庭的其他成员到外面的大厅去等候。一家人感到很生气，他们的心血白费了，一切努力付之东流了，他们的好运眼看就要被糟蹋了。然后，结论出来了，爸爸的愿望得到了满足，妈妈和女儿也遂了心愿，当然还有儿子。理由是："憎恨美国是一个很好的理由。为了成为一个美国人，允许他爱说什么说什么，爱想什么想什么。这个发热的头脑需要冷静一下，让他好好看一看，到底美国人是怎么思考的。”[①]

正是美国的自由，造就了资本主义的繁荣和犹太人的成功。[②]

大投机家的人生观与金钱观

二战结束后，科斯托拉尼再次回到巴黎，并用自己做股票生意赚的钱供养父母在苏黎世安度晚年。他们一家虽然在二战中侥幸逃脱，但家族企业却毁于战火。所以，科斯托拉尼告诫那些年轻的父母："如果问我最佳投资方案的话，我建议你们把钱投到孩子教育上。我就是一个活生生的证明。”他不仅供养了父母，还资助了

① ［匈］安德烈·科斯托拉尼：《大投机家》(2)，邓小红等译，海南出版社 2007 年版，第 105 ~ 108 页。

② 在美国，科斯托拉尼结识了一位同样是来自匈牙利的大作家莫奈。莫奈给卖空投机商下的定义是："拉着别人一起跳进陷阱的人。”莫奈是出了名的吝啬鬼，一般不请人吃饭，但是他却经常请科斯托拉尼吃饭。在他每天吃午饭的那个饭店，每一次他都要告诉服务生："一起算账。”后来，科斯托拉尼才得知，他给该饭店下了一个长期有效的指令："当我和别人在此处用餐时，请各付各的账。”可见，莫奈对科斯托拉尼还是非常尊重的。

几个哥哥。他说："如果有人问我是否让我的儿子也从事股票生意的话，我会明确地回答：'不！'按照我的设想，我的大儿子一定是一个音乐家，二儿子是一个画家，三儿子是作家或记者，四儿子才是股票商，为的是养活其他的兄弟们！"

科斯托拉尼的话很符合犹太人的教育观。他从小就深受母亲的影响，酷爱音乐。他最喜欢的是理查德·瓦格纳的《纽伦堡的歌手们》，这首曲子他已经听了166遍，此外，他对莫扎特、理查德·施特劳斯和比才等一些大师的曲子也情有独钟。后来，他和理查德·施特劳斯还有一段交往。

科斯托拉尼熟识的另外一个作曲家叫弗朗兹·莱阿，他著名的曲目是《快乐的寡妇》。莱阿和一个匈牙利的犹太女人结了婚。因为希特勒太喜欢《快乐的寡妇》了，就承诺如果他和夫人离婚的话，就可以给他颁一次大奖；如果这样的话，对于他来说就意味着唯一的可能就是和夫人分道扬镳。可是他没有这么做，他的答复是："在这种条件下让我离婚我不离。"他是一个真正的大丈夫，和古斯塔夫·福利希正相反。古斯塔夫·福利希就和他的犹太夫人吉塔·阿尔帕离了婚。他的夫人是当时有名的大歌唱家，而且当时还怀着古斯塔夫·福利希的孩子。战后，古斯塔夫·福利希又回来了，跪在地上请求原谅，但是吉塔·阿尔帕坚决地拒绝了。

科斯托拉尼还和另外一位著名作曲家埃梅里希·卡尔曼保持着多年的友谊。他不仅是卡尔曼的理财顾问，还通过卡尔曼结识了许多大音乐家。对于这段交往，科斯托拉尼回忆说：

埃梅里希·卡尔曼在世的时候，我和他的夫人微拉还有一段激动人心的故事，当然是关于金钱方面的而不是别的什么。就在第二次世界大战结束后的几天，我到了维也纳，微拉给我打电话说："亲爱的安德烈，我想请求您一件事儿。""是什么事儿呢？"我想知道。"那个埃梅里希·卡尔曼想在1小时以后打电话，问问您，一颗大钻石戒指是不是很好的保值办法，请您告诉他是，因为我身边的所有的女朋友都有了钻石戒指就我没有！我可是一位富有的大作曲家的妻子啊！"1小时后电话真的打了进来，埃梅里希·卡尔曼果然那样问我："一颗质地纯正的钻石戒指是不是真能保值？"因为有约在先，我就答复他说："您手头只有有价证券，而且还都是美国的，其实也可以把钻石戒指作为有形物品保值的，那样的话将来的回报也许会是十分可观的呢！”“什么样的回报？”埃梅里希·卡尔曼将信将疑地问道。“当那些女朋友们看到这颗钻石戒指，因为嫉妒而变得耿耿于怀的时候，她们的关系也就疏远了。”我这样解释道。他哈哈大笑起来。一个星期以后，微拉真的就拥有了一颗钻石戒指。当那位单纯的女士为了一颗钻石戒指而欣喜若狂的时候，我倒也是心怀坦荡的，心底无私天地宽嘛。要是某个女士爱上了先生的银行账户的话，那问题就严重了，因为无以满足她的虚荣和贪婪。

对于我的朋友埃梅里希·卡尔曼来说，这也是经他的手送出去的最后一枚戒指了。就在那个星期，他去世了。[①]

35 岁的时候，科斯托拉尼的事业达到了顶峰，他可以退休，用投资所得养老去。在没有任何挑战和烦忧的情况下，50 岁时他得了神经官能症，成天被沮丧困扰。在这种情况下，他开始寻求第二次事业的机会。于是，他向自己的老朋友心理学家思聪迪教授求救。思聪迪教

① ［匈］安德烈·科斯托拉尼：《大投机家》(2)，邓小红等译，海南出版社 2007 年版，第 201 ～ 202 页。

授为他做了一个著名的思聪迪测试，后来的心理医生都沿用他这种测试方法。他们一同看了48张照片，科斯托拉尼必须不停地告诉思聪迪教授看那些照片时候的感受，喜欢哪些，不喜欢哪些。1个小时以后，他问科斯托拉尼："您家里谁是最有影响的人物？谁最爱发脾气？""是我父亲。"科斯托拉尼回答。"您自己也经常发脾气吗？""是的。"科斯托拉尼再次回答。最后思聪迪教授分析说："您遗传了您父亲的天性，身体里积压了许多能量,您想要发泄出来却找不到出口。所以，无论如何您要有事做。如果您要是体力劳动者，我就会建议您到山上去劈柴搬石头，从而消耗掉您身上多余的能量。但您是受过高等教育的人，所以建议您进行创作。"

科斯托拉尼平生就执迷于两样东西，音乐和股票。由于他没有受过完整的音乐教育，而在股市上既有实践经验又有真知灼见，撰写有关股市的书轻而易举。这样，他就开始了自己的第二个事业——财经专栏作家的生涯。他的第一部书名叫《这就是股票》，紧接着又出版了《苏伊士——一个公司成长的历史》和《美元之于巴黎》，全部是畅销书，后来总共写了13部专著。有时候有人问他："您怎么有那么多真知灼见呢？"科斯托拉尼便给人们讲了这样一个典故："那还是我年轻的时候，我学开车，我的教练对我说‘像你这样永远也不可能真正学好驾驶。’‘为什么？’我不解地问。‘因为你总是看着发动机盖。抬起头来，眼睛看着 300 米远的地方。’”从此以后，科斯托拉尼就学会了驾驶。因此，他经常给那些所谓的经济学家们提出建议:“抬起头来，看着远方，不要喋喋不休地争论，明年的经济增长指数是 3.2%还是 3.3%。对于投机商来说，好与坏的经济形势都要冒同样的风险。”所以，他经常告诉那些大学生，若想在股票市场上建功立业，需要的不是算计，而是思想，用脑子思想。有一次，科斯托拉尼应邀到曼海姆大学去做讲座，报告结束后，有一个学生希望他提一个建议，这个建议却让那些坐在前排的教授们非常气愤。他说：“如果您真想去股市谋职的话，就必须把您在大学所学的经济学知识全部忘掉。”

后来，科斯托拉尼还开设了自己的股票培训班，有近 1.5 万人聆听了他的教诲。此外，他还与人合伙创办了自己的基金和保证金公司，总营业额达到 2.7 亿马克。他的知名度越来越大,经常出现在各类电视节目上。一次，他那位吝啬的朋友莫奈先生的最后一位夫人到巴黎来，他们约好了晚上见面。一起吃晚餐后,她对科斯托拉尼说:“安德烈，我要和你告别了。我得花点时间把自己打扮得更美丽一点，到外面的林荫大路上走走，看看回头率如何。

否则女人们就白白把自己打扮得这么漂亮了。”当晚，科斯托拉尼在一篇文章中以赞扬的口吻提到了这件事，结果在报纸上引起了轩然大波，许多人批评他对这位当红影星的行为谦恭不足，并给他打上男性沙文主义者的烙印。同时，他也收到了一封女权组织的来信，意思是为这位明星的愚蠢行为感到遗憾。在这件事情之后，他又相继推出了两本著作。一本叫《金钱和股票编织的美妙世界》，一本叫《科斯托拉尼的笔记本》。

科斯托拉尼认为，对金钱的追求是经济进步的动力。挣钱的机会解放了创造力,刺激了劳动和冒险精神。人们既要热恋金钱，但又必须冷静地对待金钱，人可以不富有，但必须独立，在物质上、人格上和思想上要努力独立。他不认为一个女人因金钱而爱上一个男人是件可悲的事。金钱表现了男人的成功，也正是这一点才使女人着迷。问题是，许多百万富翁除了有钱以外，还能以什么吸引女人呢？而什么是百万富翁呢？百万富翁不是至少有 100 万的人，而是那些应该得到尊敬的富人。通过科斯托拉尼的经验，有三种方式会使人在短期内成为百万富翁：一是一次有钱的婚姻，二是一个幸运的商业理念，三就是投机。但是，有很多钱的人可以投机，钱不多的人不可以投机，根本没有钱的人必须投机。[①]

科斯托拉尼还在《对待金钱的正确态度》一文中写道：

对金钱的酷爱也会导致病态的吝啬和病态的浪费欲。一个聚财成瘾，另一个却花钱成癖，特别是吝啬有时会产生荒唐的后果。大富翁保罗·盖蒂拥有数十亿美元，曾一度是美国最富的人。他就曾让他的客人到公共电话亭去打电话。这件事一时被传为笑柄。

有一次我喝咖啡时，曾听到这样一场争论，讨论谁是布达佩斯最吝啬的人。是赫尔措格公爵（巴尔干半岛的烟草交易大王）还是艺术品收藏家、博物馆主人路德维希·恩斯特？当然

---

① 他还在《成为百万富翁需要多少钱》一文中为百万富翁下了一个更精准的定义：百万富翁就是那些借助他们的资本不依赖于任何人就能满足自己需求的人。他不需要工作，他也不用向老板和顾客弯腰。只有这样生活的人才算真正的百万富翁。过这种生活，有的人需要 50 万美元，另外一些人或许需要 500 万美元，这取决于个人的要求和义务。喜欢音乐的人所需的钱就比收集古董的人所需的钱少。另外，还要看他是单身还是有一个大家庭要养活。妻子的要求有多高？她喜欢朴素的衣服还是喜欢珠宝？如果说她仅仅是因为喜欢他的银行存折才爱上他的，那么依我的定义看，他根本就不会成为百万富翁。珠宝、汽车、首饰总是有满足人的限度的，说不上什么时候她就会开始厌恶它们，那样可就是竹篮打水一场空了。

这两个人都很富，各自拥有数十亿资产。大家甚至为此还打了赌，并且我们都期待着一个有利的机会，一次性解决这个问题。机会终于来了：红十字会的募捐。一位募捐者正巧碰到他们俩在一起，于是把小盒子端在赫尔措格公爵面前。这位先生从他的钱包里费劲地拿出了面值最小的一个硬币，漫不经心地把它扔到募捐盒里。接下来就是决定问题的时刻了。路德维希·恩斯特会给的多一点还是少一点呢？他仅想了半秒钟就无拘无束地说："我们俩是一起的。那钱算是我们俩交的。"

我中学同学的父亲马歇尔·菲舍尔，是一位富有的交易所经纪人，此人更是玩世不恭。有一天他在他那间狭小的办公室里听到他的代理人愤怒地大喊：

"不，不，我们没有钱。您还是到别的地方去吧。"

菲舍尔冲进了他的办公室，问道："代理商先生，您在高喊什么？"

"乞丐格林来过，他想从我们这里讨些钱去花。"

"那您是怎么打发他的？"

"我把他轰了出去，并说我们没钱。"

"那你快追上他，把他再带回来。"菲舍尔说。

那位还没走下楼梯的格林听到代理商喊他回去，感到非常高兴。老板想见他，或许这次他会有好运了。

格林走进了办公室。菲舍尔打开了钱箱，并对他说："你看到这装满钱的抽屉了吗，格林先生？我的代理人对您说什么了？我们没钱？错了，我们有钱，而且还有好多呢，但我一分也不给你！"[①]

科斯托拉尼认为，如果一个人的吝啬心膨胀，虽然他可能获得超过 100 万的财产，但永远不会赢得别人的尊敬。他从来也不承认自己是证券大师，他承认自己是一位年龄很大、经验丰富的职业选手。他说："明天会怎样，我也不知道，但我知道昨天和今天的事。这已经不简单了，我的许多同行连这也不知道。我八十多年的股市经验让我认识到，投机是一门

---

① ［匈］科斯托拉尼：《大投机家》，何宁译，海南出版社、三环出版社 2006 年版，第 7 ~ 8 页。

艺术，而不是一门科学……对我来说，投机者就是高智商、有头脑的交易所投机手。他能正确捕捉经济政治和社会发展的动向，并设法从中赢利。”他说：

我还记得那位富翁格林的故事。他在发家之前，曾在报纸上看到一则消息，便向维也纳一所寺庙申请当一位寺院勤杂工。那时勤杂工也得会读会写，由于格林是文盲，所以他没得到这一职位。别人为了安慰他，给了他一点钱。他利用这些钱进行了一次美国之行。他在芝加哥赚了钱，用开始积攒的小额资金开办了一家工厂，随着时间推移，它不断发展壮大。一个大企业集团买下了他的工厂。在签协议时暴出了惊人的消息，格林不会签字。

“天哪，”买主的律师惊叹道，“如果能读会写，那你会成什么样的人？”

“很简单，”格林回答道，“一位寺院勤杂工！”

我能读也能写，并且一直就是一位投机者，但我对此并不感到遗憾。[①]

① ［匈］科斯托拉尼：《大投机家》，何宁译，海南出版社，三环出版社 2006 年版，第 12 页。

因此，他在《金钱的价值尺度》一文中继续写道：

占有金钱的欲望和赚取金钱的欲望之间当然存在差别。对金钱的占有给不同的人带来的快乐是完全不同的。有这样一种人，仅仅金钱本身就能使他们感到幸福。我认识一个人，他最喜欢打发时间的方式是在他的存折上加数字。也有这样一种人，虽然他们能买许多漂亮昂贵的东西，但他们并不去买。他们认为他们买得起，这种想法已令他们非常满足了。他们感受到了金钱的辐射能力——这已使他们感到非常幸福。我有一个朋友，每当说出“钱”这个字时，他总是带着那种好像生活的全部享受都集中在支票簿上似的感觉，隔着西装上衣，抚摸口袋里的钱夹子。还有人对我说，每当他结算账目结果大大盈余时，他会感觉到他的性欲旺盛起来。

幸好还有这样的人，他们不但看重他们能用钱买东西这一点，而且还真的去做了。他们想享受生活。他们不仅仅满足于研究菜单，他们还想品尝一下佳肴。如果没有这类人，人们就必须发明这类人，否则的话，我们将生活在持续的通货紧缩中。诗人约瑟夫·凯斯就是这类人中的一个代表。他是一位真正的知识分子，对我来说，他就是匈牙利的“海因里希·海涅”。下面的故事讲了关于他的一些情况：

在去银行（那儿通常是他获得资助的地方）的路上，他看到一家豪华食品商店的橱窗里有一个极妙的菠萝。

“多少钱？”他犹豫地问。

“100 福林，诗人先生。”

“我可买不起。”凯斯一边想着，一边向银行走去。

在回来的路上，他又经过了这家商店。这次他抵挡不了诱惑，买了那个菠萝。内阁大臣列奥·兰科奇，那所银行的总经理，在那天早晨也看到了橱窗里的菠萝。下午他去了，想买下它。

“我们已经没有了，凯斯先生来过，给他买走了。”

“噢。”总经理说着离去了。

当凯斯下次去领救济金时，总经理走过来，问道：“诗人先生，您到我们这儿讨去 100 福林，就是为了去买一个菠萝吗？”

“总经理先生，”凯斯回答道，“如果我没有100福林，我就不能买菠萝；如果我有100福林，却不可以买菠萝，那么我什么时候才能给自己买一个菠萝呢？”①

叔本华说：“钱如海水，喝得越多感到越渴。”因此，贪婪和占有是人的本性，关键是不能以丧失人格和人的自由为代价，否则赚越多的钱，越会成为金钱的奴隶。

在晚年的时候，科斯托拉尼说：

我热爱人类，走到任何地方，我都会主动与人攀谈，特别是在青年人中，我的知名度很高。

我写的书上了最佳销售排行榜，可以说10%的版税对我来说已经没有太大的吸引力，我看重我的著作在现实中的作用。我最大的幸福就是：人们愿意花钱得到我的箴言和忠告。我的书将成为我生命的延续。

这可能就是科斯托拉尼关于金钱和人生的真实思

① ［匈］科斯托拉尼：《大投机家》，何宁译，海南出版社，三环出版社2006年版，第2～4页。

考，也是他留给人类的最后遗言。

股票培训班

科斯托拉尼的第一期股票培训班于1974年10月在慕尼黑举办，来了不到30个学员。当时的股票大环境糟糕到了极点：石油价格翻了4倍，通货膨胀宛如脱缰的野马，道格拉斯指数到了580点，那是一种1929年股市风暴重新来临的感觉。然而课堂内外弥漫的却不是绝望和失落，科斯托拉尼一声令下，全体学员大举买入。不到两个月，股市开始全面上扬，道格拉斯指数涨到1000点。从此之后，科斯托拉尼的股票培训班期期爆满，共举办了近百次，大约有学员1.5万名。

科斯托拉尼先生，作为一位赞扬纯正资本主义的坚强斗士，“冒失”地举办了股票培训班，竟开了一代先河，成了一位地道的股票知识教授，为人们传授着投资和投机的实用理论。正如科斯托拉尼所说：“如果你有一个朋友，你就送给他一条鱼；如果你真的爱你的朋友，你就教他学会钓鱼。”

在科斯托拉尼65年的股票投机生涯中，他先后用尽了所有的交易方式在78个不同的交易所给73个经纪人公司工作过。他所学的股票知识不是来自大学课堂，而是完全来自实践。他为此付出的学费要比到哈佛国际商学院上学还要高。连他自己也算不出，在过去的日子里到底做过多少手，失手多少手。他时而做短线，24小时交割，时而做长线，长的期限超过5年。自从1924年以来，他没有一天不去股市，没有一天不琢磨股市涨跌的规律。在失败的时候，顷刻间负债累累，他甚至想到要自杀。魔鬼经常在股市出没，他侥幸地化险为夷，并成为一代宗师。

在《关于股票和金钱的思考》一文中，科斯托拉尼如是说：

人们常常受益于偶然的愚昧。

有一次，我和其他的两个经纪人坐在一张桌子边上，其中的一个抱怨说，他今天什么生意也没有做成，另外一个人就炫耀他巨大的收益。第一个人说："得到红利可比得到理解力更幸运得多。"第二个有了成绩的人说："上帝总是青睐于我，但是并不给我什么理解力。"

再傻的傻瓜，人们也能从其身上学到一些可以运用到股票操作中去的经验。

我有的时候能够从一条金融法规或者是规定的印刷错误或者用词错误中，获得巨大的利润。

股票交易最有用的一些词汇就是：或许是、希望是、可能是、很可能、尽管、虽然、我认为、我觉着、但是、事实上、在我看来等。所有人们认为的或者说出来的都是不确定的。

乐观主义者就是口袋里装着两个硬币的君主，悲观主义者就是一个家财万贯的哀叹者。

经常有一些投机咨询家，他们常常用的一句话是："我敢保证……"那么，谁为他们保证呢？

当人们谈论一个富有的傻瓜的时候，人们总是会谈论他的富有；当人们谈论一个贫穷的傻瓜的时候，就总是会说他是如何愚笨。

股票交易中的一条真理是：当股票升得不能再高的时候，它就往下跌。

人们经常管我叫炒股专家，我不想接受，因为，我可能知道明天股市上会是个什么样子，但我更知道今天和昨天在股市上都发生了什么。知道了今天和昨天发生的事情就已经相当不错了，因为大多数炒股获利的人对今天和昨天也未必知道些什么。大多数情况下是股市炒作了新闻，然后新闻又开始炒作股市。于是人们就说，这是股市的行情而不是新闻的行情。

股票升了，股民来了；股票降了，股民跑了。

有句老话说，股市就是没有音乐的蒙特卡罗。我却认为，股票市场是音乐四起的蒙特卡罗。人们必须要有心思去静静地欣赏音乐，然后才能辨认得出它的曲调。

跟储户们聊投资问题的时候，往往只能跟他们谈成功的一面，因为他们只是想着成功。他们总是把自己陷在不现实的挣大钱的幻想之中。他想在一次投资中赚一大笔钱，你要是去阻止他，那根本就是不可能的。

在股票市场上我们应该是经常闭上眼睛的，这样才能看得更清楚。

我们这些年长的投机家们面临的最大的不幸就是：我们有了经验，但是我们已经不再去冒险。

如果一个商人销售货物以后获得了100%的利润，那么我们就要称之为欺诈；如果一个股票投机家抛售股票后，赚了双倍的利润，那就会被认为正常。

为了挣钱，男人在外面拼命，女人紧紧护着钱匣子。这种理想的情景在许多家庭里都是如此。男人大大咧咧，女人节俭吝啬，在我的家庭和我的亲戚的家庭之中，这样的事情不胜枚举。我父亲送给我母亲一些漂亮的礼物，当我母亲反问他为什么要这样做的时候，他回答说：“这总比送给药房好。”

维也纳著名的诗人皮特·阿尔坦伯格曾经做过咖啡馆的侍从，有一天他写信给他的哥哥：“亲爱的哥哥，赶紧给我寄1000盾来吧，我手头没有零花钱了，我的钱都在银行里存着呢。”

很多人辛辛苦苦，不是为了有钱而是为了向别人炫耀有钱。

我们不应该用眼睛去追随着事件的发展过程，而是应该用大脑。

在德语中有一个根本不可能成立的词：银行销售员。这个词从语意学的角度上说是个谬误，因为那个人既不是银行家也不是销售人员。银行家和销售人员的利益取向恰恰是相矛盾的，银行家要收利息，越高越好；商人必须付利息，越低越好。银行家看重的是投资的保险性，商人们则是靠想象力行事。

在著名的大作家司汤达的墓志铭上写着：他活着，他创作着，他热爱着。可是在一位不走运的投机家的墓志铭上写的却是：他活着，他投机着，他失败着。

莫列尔写道：知道得太多的蠢笨之人，等于双倍的愚昧。这一结论也适用于股票市场。

一个真诚的债务人就是一个宁愿让他的继承人们失望，也不让他的债权人失望的人。

在接受教育方面没有哪个人是受到了绝对的十全十美的教育，都只是进行了一半而已。关键要看他是如何接受这一半教育的。

股票市场上的大众心理就如同在剧院里一样，有一个人打呵欠，别的人也跟着打呵欠；相反，要是有一个人带头鼓掌，众人也会马上跟着鼓起掌来。

同样的股市行情对于不同的股民来说却是感觉不同的，有的人认为已经升得很高了，有的人认为它还应该再升。入市也是一样，有的人觉得太晚，有的人却又觉得太早。

买入股票的时候我们需要的是想象力，抛售股票的时候我们需要的是智慧。

一般是在晚上思考，早晨头脑冷静地进行反思，中午做出决定。

股市被称作金融市场，其实它就像是剧场一样，每天上演的都是同一出戏剧，但是却冠之以不同的剧名。

大众传媒其实是要负连带责任的，因为它们目睹了一些人愚弄大众的过程。

法国著名的作曲家嘉克斯·伊博尔曾经说过，艺术，10%来自灵感，90%来自表现力。在股票交易中，10%来自灵感，90%来自经验。

在股票大行其道的时候，我常常这样问我自己：是不是有必要去做股票或者投资？在做股票交易的时候我们可以从他人那里得到一些建议，然后再反其道而行之；在一片混乱之中，恰恰可以冷静地想一想我不该做什么。

有一个工厂，华盛顿总是让它没日没夜地工作，这个工厂就是国家钞票印刷厂。

如果说到钱的话那就只有一句话：越多越好。

并不是金钱在股票玩家的手里发出铜臭味儿，只是那些失去了的钱，才会招致这样的恶名。要是股票投机那么容易的话，那世界上就不会有什么矿工、樵夫之类的工种了，人人都去当投机家就可以了。

成功的股市经纪人不是靠自身的聪明，而是靠其他人的愚蠢赚钱。这样的强手，顶多占入市者的5%。预测股市的中期趋势，完全取决于股票操纵在强者手里还是弱者手里。正如歌德所言：当情绪冲天的喜悦时，出售；当它是死一般的悲哀时，买进。因此，法国大诗人纪德说："您千万不要相信那些已经找到真理的人，而要相信那些正在寻找真理的人。"

最佳金钱故事

"群众是无知的。"这句话出自1895年古斯塔夫·雷朋的经典著作《大众心理学》。隐藏在这句话背后的真正含义是群众的力量。即使在一群特别聪明、相当沉稳多虑的人当中，这股力量仍然能够发挥作用。挑选100名高智商的人，让他们处在一间狭小的房间里，结果显示，一时的情绪冲动会影响他们所做的决定，使他们无法理智地思考。

假设有一位股票专家经过反复思考后，终于决定要在某一天早上卖出手上的股票。但当他踏入号子时，却又耳闻其他投资人对股市后势持乐观的看法。就在这一瞬间，他会马上变卦，反而又买进了新的股票。

在美国股市，股票行情显示器经常能发挥决定性的作用。这个显示器显示股票市场所有交易的状况，即使没有上百万，也有数十万的投资人会依据显示资料而决定投资动作。股市上涨时，这些监看股票行情显示器的投资人会开始买股票，毫不犹豫地跳上这列正在行驶的火车。股票行情显示器借着显示股市交易情况来反应投资大众的投资心态。因此,对每一个投资人而言,股票行情显示器有说不出的魅力，吸引其跟随投资大众的步伐决定买或卖。股票行情显示器就像是战场上的旗帜。

所以，在股市上涨阶段时已获利的人要特别注意,旗帜是否高立空中，是否有带领其他投资大众跟进的作用。按科斯托拉尼之见，投资人可以利用市场技术分析,来评估某一事件对投资大众所产生的心理作用。

正如科斯托拉尼曾经说过的，股市中、短期的涨跌有 90%是受心理因素影响，而基本面则是左右股市长期表现的关键。

股市投资人的心理状态决定了中、短期的股市走势,也就是说，股市的中、短期表现，要看股票是掌握在资金充裕且固执的投资人手中，还是在犹豫、容易惊慌失措的投资人手中。

群众的心理反应就像传染病，有人在戏院里打呵欠,其他人马上跟着打呵欠，一个人咳嗽，其他人也跟着咳嗽，股市亦然。

大哲学家叔本华说："只有痛苦才是真实的，幸运的存在是因为苦难的缺席。"对投资专家来说，痛苦是真实的，那就是股市下跌时的金钱损失，尤其是发生经济大恐慌时，痛苦显得更加真实。

群众要一直等到报纸头条出现"股市危机造成巨大损失"的新闻，才会真正觉悟到经济大恐慌真的来临了，它就像一台巨型机器的轮轴一样开始运转了。

投资人可以从物质生活中实际感受到股灾所带来的痛苦。股市景气的成长其实相当缓慢，它走一段停一段，几乎让人感受不到它的速度。相比较之下，股灾却在一夜之间来势汹汹，让所有财产化为乌有。它将投资大众分散开来，然后各个击破。假如股市景气指数讯号持稳，股市的投资环境就会让人感到较安心，如此一来，只要一切进展顺利，投资专家便能轻松容易地捞取他的利益。所谓一切进展顺利的意思是指事情如他所料地进行着，如果他根本没有想到股市局势会变得很糟糕，而且是非常糟糕，那么他就会有很大的损失。

当股市危机真的来临，低迷的行情一点一滴地侵蚀了投资人的资金之后，他才痛苦地察觉到经济上的损失，接着他开始埋怨命运不公平，只有损失才是真实的，获利不过是一种错觉。

经济繁荣是在百业兴盛的和谐气氛中从容缓慢地开

始膨胀，然后突然间变成一个大气球，随时有被针刺破的危险。投资操作中有一句名言："在发生股灾或经济崩盘前，必定经历过一次快速成长的景气繁荣，而景气繁荣也一定会以股灾作为结束。"

在每一次股市萧条之后，虽然当时人们对股票感到厌恶，而且觉得受到了伤害，但是随着时间流逝，人们很快就会忘记过去的种种伤害，又会像飞蛾扑火般再次受到股市的吸引。

科斯托拉尼常把投机者比作酒鬼：在酩酊大醉之后，他会感到难受，并在第二天痛下决心，永不再拿起酒杯。但到傍晚，他便又喝起鸡尾酒，而且一杯接一杯。到了半夜，他又像头天晚上一样酩酊大醉了。

他们是不是全都是着了魔的人或笨蛋呢？也许是吧，但这个世界和股市如果没有这些笨蛋会怎样呢？如果没有这些笨蛋，又哪来的股市赢家？

科斯托拉尼最喜欢如下两个笑话：

其一

"爸爸，我做了一笔好生意。我用 100 的价格买了很多羊皮，它们已经涨到 110 了。"

"太好了，我的儿子，你很能干！"

一个星期后他打电话，高兴地汇报："爸爸，羊皮已涨到 120 了。"

"太好了，我的儿子，你是个天才。"

两个星期后他又打电话，欢呼着："爸爸，羊皮价格现在是 150。"

"妙极了，"父亲说，"现在卖出赚钱。"

"卖？但是卖给谁啊！我正买呢。"

其二

一个乡村小报的总编晚上来到聚会桌旁。

他激动地说："普鲁士的国王会气死的，告诉你们，他非气死不可。"

"发生了什么事？"在场的人问。

"我写了一篇严厉批评他的文章。"

这两个笑话虽然不完全是有关心理学的内容，却揭示了人类的本性。只有那些洞悉人性密码的人，才能成为真正的股票大师。

下面这则科斯托拉尼讲述的《一个有头脑的律师》的故事，让我们再一次洞察了人性的奥秘：

一位布达佩斯大银行省支行的职员，来自一个生活优裕但并不富有的家庭，他是个赌徒，由于嗜赌成癖，他先是输掉了自己的一点积蓄，后来又从收款台贪污了2万盾（大约相当于今天的40万马克）并将此巧妙地隐瞒下来。他像许多赌徒一样坚信，他有一天会爆出冷门中大奖并以此偿还他贪污的钱。他还不知道我的名言，我一直在游戏者们——不论是股市、纸牌还是赌博的游戏者的眼前展示它："赢是可能的，输是必然的，赢回来是办不到的。"

当年终宣布要进行严格的审查时，这个年轻人陷入了慌乱，他仿佛已看见自己进了监狱。他跑到他们家的律师（奥特沃斯博士）那里忏悔了一切，甚至提到要自杀。律师思考了一下问道："既然您把这么一大笔钱不知不觉地贪污下来，您应该还能再从收款台拿出钱来吧？"

"没有比这更容易的事了，律师先生！"

"那么您尽快拿来2万盾交到我手里！"

10天之后年轻人带着钱出现了。"现在您走吧，别自杀！"

然后律师来到银行的董事会，用十分悲痛的方式报告，年轻人贪污了4万盾，现在要自杀，激起的反响很大，董事会以丑闻和刑事检举相威胁。

“别这么快,我的先生们,”律师安慰他们，“他的受人尊重的家庭一定会竭尽全力维护自己的名誉！”10天之后他又来到董事会报告说:“他的家庭非常震惊，为了拯救儿子和名誉，他们什么都愿意做，但是他们并不富有，他们能够拼凑起来的最大数目是2万盾，这钱很多，但是他们愿意为家庭而牺牲这些，当然前提条件是你们睁一只眼闭一只眼。”

董事会除了闭上眼睛还能做出什么更聪明的事呢？

股市上什么事情都可能发生，这也许是一个合乎逻辑的结局。

《犹太人之谜》内容简介

犹太人是谁？判断犹太人的标准是什么？犹太人为什么历经浩劫而不灭？犹太文化的精髓是什么？谁是犹太人心目中的英雄？怎样成为一个有智慧的人？怎样成为一个有权力的人？怎样成为一个富有的人？怎样成为一个令人尊敬的人？本书通过妙趣横生的论述来揭开犹太人的种种神秘面纱，是洞悉犹太文化和犹太智慧的一把钥匙。

定价：28.00 元

《火星来客》内容简介

迄今为止，总共有 179 位犹太人获得了诺贝尔奖，形成了诺贝尔奖中独特的“犹太现象”。犹太人占世界人口总数不到 0.3%，但获诺贝尔奖的比例却占诺贝尔奖金总数的 22.35%，尤其是匈牙利犹太人，被誉为科学大师中的“火星来客”。钱学森的老师“科学奇才”冯·卡门、化学家波拉尼、“和平之父”西拉德、“计算机之父”冯·诺伊曼、美国“氢弹之父”爱德华·特勒、“当代罕见的数学奇才”保罗·爱多士等，全都是匈牙利人。

定价：35.00 元

《坐长凳者》内容简介

按照古老的犹太习俗，当拉比在犹太会堂讲道的时候，坐在第一排听课的一定是最聪明的人，坐在最后一排听课的人一定是最傻的人。当坐在第一排的人一旦回答不了拉比所提出的问题，就必须退坐到第二排，以此类推；坐在后一排的人，如果能够很顺利地回答拉比的提问，就可以往前坐一排。一旦拉比回答不出会众所提出的问题，就要把坐在屁股底下的七个草垫子撤掉一个，直到坐在地板上。本书通过 13 位犹太鬼才的成长故事，揭示了犹太文化和犹太教育的奥秘。

定价：30.00 元

《居安思危》内容简介

按照美国《福布斯》杂志的统计，在美国 400 大富豪排行榜中，前 40 位富豪中有 45% 是犹太人，美国 1/3 的百万富翁是犹太人，美国许多著名的慈善家也是犹太人。

本书用幽默通俗的笔法，系统而全面地介绍了犹太人的财富哲学，以及犹太人为什么会做生意和千锤百炼的犹太生意经，深刻解剖了“世界第一商人”犹太商人成功的黄金法则和成功奥秘。

定价：32.00 元

《知识是甜蜜的》内容简介

本书用通俗幽默的文笔，详细阐述了犹太家教智慧的精髓：犹太成功黄金律、犹太人的美德教育、犹太人的健康教育、犹太人的处世教育、犹太人的享乐教育、犹太人的婚姻观、犹太人的金钱教育和犹太人的公民教育。

定价：33.00 元

第二辑即将出版

图书在版编目（CIP）数据

坐长凳者：犹太鬼才是如何炼成的 / 贺雄飞编著. —北京:世界知识出版社，2015.7

（犹太智慧典藏书系）

ISBN 978-7-5012-4978-7

Ⅰ.①坐… Ⅱ.①贺… Ⅲ.①纪实文学-中国-当代 Ⅳ.①I25

中国版本图书馆CIP数据核字（2015）第157311号

责任编辑　蔡金娣　王瑞晴
责任出版　赵　玥

书　　名　**坐长凳者：犹太鬼才是如何炼成的**
Zuo Changdeng zhe：Youtai Guicai shi Ruhe Liancheng de

作　　者　贺雄飞

出版发行　世界知识出版社
地址邮编　北京市东城区干面胡同51号（100010）
网　　址　www.ishizhi.cn
电　　话　010-65265923（发行）　010-85119023（邮购）
经　　销　新华书店
印　　刷　北京鑫海达印刷有限公司
开本印张　787×1092毫米　1/32　7¾印张
字　　数　130千字
版次印次　2015年11月第一版　2015年11月第一次印刷
标准书号　ISBN 978-7-5012-4978-7
定　　价　30.00元